REVUES ALGÉRIENNES

1858 — 1860

REVUES
ALGÉRIENNES

1858—1860

PAR L. GABRYEL

SUIVIES

D'UN ITINÉRAIRE DE VOYAGE EN ALGÉRIE

LYON

IMPRIMERIE DE GIRARD ET JOSSERAND

Rue Saint-Dominique, 13

—

1861

A MONSIEUR ***

Mon cher Monsieur,

Lorsque je témoignais dernièrement l'intention de vous dédier la collection de mes *Revues,* vous ne pensiez pas à coup sûr que l'effet suivît la menace de si près ; mais en ces temps commodes où l'on envahit sans façon les territoires avant même de déclarer la guerre à leurs légitimes possesseurs, on est bien excusable de jeter un livre à la tête d'un ami sans l'en prévenir officiellement.

C'est, du reste, « un fait accompli, » et, bon gré, mal gré, vous le reconnaîtrez, car toutes vos protestations diplomatiques ne sauraient l'empêcher d'être.

Les premières lignes de mon ouvrage vous en indiqueront suffisamment le but, ce qui me dispense de vous expliquer les motifs qui l'ont fait naître, comme aussi d'excuser le décousu habituel d'une correspondance faite à bâtons rompus, et le plus ordinairement au galop de la plume.

Une plume de colon, c'est souvent si mal taillé !

Le journal qui publiait ces *Revues* ayant eu l'avantage d'être supprimé par décret impérial, j'en ai immédiatement profité (vous voyez qu'à quelque chose malheur est toujours bon), j'en ai profité, dis-je, pour briser mon écritoire et pour reprendre le manche de ma charrue.

C'est un bien mauvais procédé, auquel vous ne deviez guère vous attendre de ma part, que celui de vous forcer à relire aujourd'hui ces notes anciennes, déjà oubliées pour la plupart; mais ne vivons-nous pas au temps des plus infâmes trahisons? Je vous paie d'ingratitude, j'en conviens; ne vous plaignez pas, car vous êtes soldé en roi !

Dans cette refonte générale, ou mieux, dans cette réunion en volume de tant de feuilles éparses, l'ordre de la rédaction primitive, et jusqu'aux dates de l'envoi en France, ont été fidèlement conservés. — C'est donc de l'histoire ancienne! vont s'écrier quelques lecteurs. — Eh! oui, vraiment. Mais vous qui connaissez l'Algérie mieux que personne, vous qui connaissez notre passé, vous leur direz avec raison que ce passé d'hier est si intimement lié à notre avenir qu'il forme en quelque sorte l'histoire de notre présent.

Si je ne craignais de vous entendre murmurer le fameux

Quorum pars magna fui,

auquel je devrais répondre par le non moins célèbre

Quoque ipse miserrima vidi,

je dirais presque dans bien des cas : Prenez le contre-pied du passé, et l'avenir sera la perfection. Je ne me permets pas cette licence, et je vous annonce que j'ai supprimé avec le plus grand soin... tout ce qui, dans ces pages du passé, avait trait à la pluie ou au beau temps, à l'état des récoltes, ainsi que les questions locales d'un intérêt aussi palpitant d'actualité.

Je vous prie seulement de vous souvenir de la différence qui existe entre un journal et un livre ; car, dans la forme première de mon travail, je n'avais d'autre prétention que celle de tenir exactement renseignés ceux des lecteurs qui avaient des intérêts directs engagés dans notre colonie, tandis qu'aujourd'hui je m'adresse aux intelligences d'élite, comme la vôtre, mon cher Monsieur, et je leur dis : « Eclairez la France sur ses véritables intérêts ; prouvez-lui qu'elle les méconnaît, que l'Algérie... » Je leur dis bien d'autres choses encore que vous trouverez plus loin, ce qui vous évitera de m'entendre vous les répéter ici. Avouez que je suis bon diable !

Mais, au fait, pourquoi cette lettre ne servirait-elle pas de préface à mon livre ?

Que dirai-je de plus à ses lecteurs... s'il en a ?

C'est une idée, et je l'adopte bien vite. En effet, à tout volume il faut une préface :

d'abord pour ceux qui ne les lisent jamais, et qui trouveraient fort mauvais de n'avoir pas quelques pages à sauter en commençant. Il faut encore une préface pour ceux qui les lisent toujours, ainsi que la table des matières.

Chacun sera donc satisfait, et moi plus que tout le monde, puisqu'il ne me reste qu'à vous assurer des sentiments de parfaite considération avec lesquels...

Allons, avouez, cher Monsieur, que vous pensiez trouver un très-humble et très-obéissant serviteur, et qu'en son lieu et place il vous reste un ami désagréable.

Seconde trahison, mais qui ne tire pas à conséquence comme la première. Je vous ai tué tout d'abord avec ma dédicace entourée de points discrets ; je puis bien vous chatouiller ensuite avec les barbes de ma plume : vous ne vous plaindrez pas. C'est une manière nouvelle de commettre ces petits assassinats qui ne conduisent pas en cour d'assises.

J'aurais pu, pour ménager le coup, attendre quelques jours encore avant de vous écrire, puis vous parler de votre femme et de vos enfants, vous souhaiter même une bonne année, et en *post-scriptum*, bien gentiment, je vous aurais dit : « A propos, cher Monsieur, je vous ai promis de vous dédier mon œuvre ; elle s'imprime : votre nom sera sur la première page. » Qu'eussiez-vous pensé de moi ?

Mais que doit penser le lecteur, puisqu'il est convenu que cette lettre servira de préface ? Franchement je l'ignore ; seulement, si j'étais à sa place, je ne serais pas content, et j'aurais raison. Il n'a rien à voir dans cet amical *papotage*, et s'il fronce le sourcil, je suis perdu ; mon drame sera sifflé dès le prologue.

Vous me direz bien que rien n'empêche

ce lecteur impatient de passer immédiatement au chapitre premier, et que parce que, d'un commun accord, nous lui livrons les secrets de notre correspondance, ce n'est pas une raison suffisante de ne dire que ce qui peut l'intéresser. Il y a quelque chose de vrai dans ce raisonnement, mais c'est pour cela qu'il ne vaut rien ; s'il était faux de tout point, il aurait plus de chances d'être goûté. Le siècle est hypocrite, tous le savent ; mais bien peu osent se l'avouer à eux-mêmes, de peur d'être obligés de le croire et surtout de l'affirmer. Nous vivons de paradoxes, nourriture malsaine qui, à la longue, tue les nations les mieux organisées. Nous nous complaisons volontairement dans l'erreur, et nous voudrions pouvoir refaire le dictionnaire de l'Académie, pour que le *laid* fût réellement le *beau*. Il est sûr que dans ce cas les choses belles seraient plus nombreuses, surtout si l'injustice devenait juste, si la félonie était de la fidélité, et si le droit des gens, comme on l'entend, pouvait devenir le droit commun.

Heureusement que nous n'en sommes pas encore réduits à de pareilles extrémités. Vous saurez du reste que l'espérance fait partie de la fortune de tous les colons, souvent même c'est le plus clair de leur avoir ; nous aimons à espérer comme d'autres aiment à se plaindre, et vous nous rendrez cette justice, vous qui nous connaissez bien, qu'une fois le premier coup de massue passé, ceux qui en peuvent revenir se remettent vite à l'œuvre, que si peu de personnes comprennent en France.

Vous me croirez si vous voulez, mais voici que nous nous sommes mis à réespérer. Vous trouverez dans l'un de mes derniers chapitres l'indice d'un vague malaise, d'un je ne sais quoi qui ne saurait se définir, mais qui se sent. Nous attendons un grand événement : sera-t-il heureux ou non ? Nous l'ignorons ; mais, comme je vous l'ai dit, nous aimons à espérer.

Nous sommes cependant bien faciles à satisfaire : que demandons-nous pour être heureux ? Un peu de justice, un peu de promptitude dans le réglement de nos affaires, un peu de bonne administration. Remarquez que je dis : un peu, mais pas beaucoup.

Ces quelques lignes résument à elles seules toutes les pages qui vont suivre, et je ne sais en vérité pourquoi je ne vous évite pas des redites, *relues* serait mieux, ainsi que j'avais eu l'air de vous le dire en commençant.

Adieu, cher Monsieur, c'est en *vieux style français* que je vous le dis cette fois. Ne craignez donc rien : vous ne verrez pas surgir une troisième lettre au lieu des compliments empressés qui doivent passer avant les sentiments avec lesquels

J'ai l'honneur d'être

Votre tout dévoué.

L. GABRYEL.

Alger, le 20 novembre 1860.

REVUE ALGÉRIENNE

CHAPITRE PREMIER.

BUT DE LA *REVUE*. — DES ÉMIGRANTS.

27 avril 1858.

L'importance des questions algériennes est peu appréciée encore en France, et, à notre avis, c'est un malheur. Notre colonie n'a besoin que d'être connue pour prospérer, et déjà les capitaux considérables qui y sont engagés, les relations d'affaires et de famille qui lient plus particulièrement le midi de la France avec l'Algérie, nous semblent de nature à attirer plus régulièrement l'attention sur cette colonie qui doit, un jour venant, compléter les approvisionnements de la métropole, donner un asile au trop-plein de sa population, et enrichir ceux qui voudront lui apporter, dans une sage limite et dans les conditions sans lesquelles rien ne saurait prospérer, le tribut de leurs capitaux et de leur expérience.

Nous nous proposons donc de donner une sorte de *revue africaine*, à l'aide de renseignements puisés au sein même de la colonie et des notes que pourraient nous communiquer les personnes directement intéressées à sa prospérité.

Nous espérons atteindre ainsi avec succès le but que nous nous proposons...

Des dispositions viennent d'être prises pour régulariser le mouvement des émigrants dans les trois provinces de l'Algérie.

Jusqu'à ce jour on a pu remarquer que le plus grand nombre des colons débarquaient à Alger, c'est-à-dire précisément dans la province où le manque de bras se fait le moins sentir et où l'administration rencontre le plus de difficultés pour mettre des terres à la disposition des émigrants. Il résultait de cet état de choses un certain encombrement et des lenteurs dont la conséquence était, le plus souvent, d'épuiser les ressources des colons sans profit pour le pays et au grand préjudice des demandeurs de concessions.

Dans le but de mettre un terme à cette situation, S. Exc. M. le maréchal gouverneur-général a pris la mesure suivante :

Les autorités provinciales ont été invitées à faire connaître périodiquement au gouverneur-général les besoins des divers centres en cours de peuplement. Les lots concessibles dans les trois provinces sont divisés en deux parts : l'une est réservée aux demandeurs qui sont sur les lieux ; l'autre est destinée à être attribuée aux colons qui, venus à Alger et ne trouvant pas à s'y placer, ne sauraient où il peut être possible de les installer, si on ne leur désignait des centres disponibles.

Un inspecteur de colonisation est spécialement chargé d'examiner les demandes qui parviennent au gouvernement-général, et de provoquer les dispositions nécessaires pour assurer le placement des colons le plus promptement et dans les meilleures conditions possibles.

CHAPITRE II.

DU CHEMIN DE FER D'ALGER A BLIDAH. — DU SYSTÈME DES CONCESSIONS DE TERRAINS ET DES VENTES. — DES PRIMES AGRICOLES.

5 mai 1858.

Après la question capitale des récoltes, celle qui émeut le plus le public est assurément celle des chemins de fer. Le tracé par le pied du Sahel a été définitivement adopté, et il devait l'être, malgré les nombreuses réclamations qu'il a soulevées. Les travaux vont immédiatement commencer d'Alger à Blidah pour être poussés ensuite jusqu'à Amourah, première section de la grande ligne d'Alger à Oran.

La ligne la plus courte devait nécessairement l'emporter sur les intérêts que nous pourrions appeler de clocher s'il en existait un nombre considérable au pied de l'Atlas. Quant au projet d'assainissement de la plaine de la Metidjah par le chemin de fer lui-même, nous ne nous en occuperons pas ici, malgré tout ce qui a été dit et écrit à ce sujet. Ce n'est pas un chemin de fer qui peut assainir, mais bien une culture sagement entreprise. Espérons seulement que les ingénieurs chargés de la direction des travaux ne se montreront pas trop opposés à l'assainissement des terrains qu'ils devront traverser, que les ponceaux pour l'écoulement des eaux et l'irrigation des prairies seront multipliés le plus possible, et qu'une économie mal entendue de leur part ne causera pas à l'agriculture d'irréparables dommages. L'administration doit y veiller avec le plus grand soin, examiner les justes réclamations des propriétaires, et laisser aux eaux le plus grand nombre de passages possibles, même lorsqu'ils ne seront pas demandés, grâce à l'absence des intéressés ou à leur négligence.

Nous aurons souvent à parler de l'administration de l'Algérie, et nous tâcherons de le faire toujours en termes convenables ; mais il est bon de ne rien laisser passer et de soumettre le plus possible ses actes à la publicité de France.

Une grande question s'agite depuis longtemps, question qui doit primer en quelque sorte celle des chemins de fer. Nous voulons parler du système des concessions de terres en opposition avec celui des ventes par adjudication. Un nouvel essai vient encore d'être fait dans la province d'Alger et a donné d'excellents résultats.

Celui qui achète le fait pour cultiver et par conséquent pour habiter. Si vous donnez, vous devez au contraire imposer des conditions ; car bien souvent vous donnez à des gens qui prennent une concession avec la ferme volonté de ne pas s'en occuper ou de la revendre dès qu'ils en trouveront l'occasion. Il serait plus avantageux de donner tout de suite 400 fr., par exemple, à la personne que vous voulez gratifier, pour une raison ou pour une autre, d'une concession de 10 hectares, et de vendre cette même concession à un colon sérieux, à un colon agriculteur, à raison de 60, 80 ou même 100 francs l'hectare. Tout le monde y gagnerait. Tant que l'on trouve des acquéreurs, on doit vendre et ne réserver quelques rares concessions que pour d'honnêtes fermiers qui ont fait leurs preuves déjà, qui ont brillé dans les concours ou aux expositions ; mais que les concessions soient des exceptions et non plus la règle.

Une autre voie mauvaise dans laquelle l'administration persiste, selon nous, est celle des primes.

Qu'importe à la colonie que tel propriétaire ou fermier produise plus et mieux que son voisin ? Si leurs tabacs sont plus beaux, on les paiera plus cher ; si leurs bêtes sont en meilleur état, elles leur rendront plus de services. Ce que l'on devrait surtout rémunérer et encourager, ce sont *les travaux particuliers d'utilité publique*, si je puis m'exprimer ainsi ; et par là j'entends les assainissements, les défrichements et les plantations. Les plantations sont surtout importantes ; on regrettera trop tard de ne les avoir pas faites plus tôt, et il appartiendrait à l'administration d'y pousser par tous les moyens qui sont en son pouvoir.

Donnez une prime, si légère soit-elle, à tous les arbres plantés sur les bords des routes. — C'est ce que nous faisons, dira-t-elle. — A cela nous répondrons : Des arbres ont été plantés sur les routes ; à qui avez-vous remis un centime ? Donnez une prime à tous les arbres plantés sur les bords des rivières et à tous les terrains ensemencés sur le haut des collines. Alors vous verrez s'élever partout de belles plantations, et insensiblement vous aurez assaini un pays tout entier, vous aurez réalisé même des économies, au détriment, il est vrai, de certains coureurs de primes qui ne cultivent que bien juste ce qu'il faut pour remporter le prix promis et qui se rattrapent ainsi des frais d'amateurs faits pour arriver à leur but. Ce n'est pas de la grande culture cela, mais bien de l'horticulture, et ce n'est pas ce que l'administration doit rémunérer.

CHAPITRE III.

LE *MONITEUR* ET L'ALGÉRIE. — PROCÉDÉ DRACONIEN POUR L'EXPROPRIATION DES TERRAINS DU CHEMIN DE FER. — LE *JOURNAL DE ROUEN* ET L'ALGÉRIE.

8 juin 1858.

Vers la fin du mois de mars, le *Moniteur universel*, terminant la publication d'une longue série d'articles sur la Kabylie, ajoutait ces lignes qui ne doivent point passer inaperçues :

« La conquête est terminée et la colonisation commence. L'élément civil, appuyé par les garnisons de la métropole, peut désormais grandir. Un large horizon s'ouvre pour l'Afrique française.

« Nos grands-pères, eux aussi, avaient commencé les grandes colonies : La Bourdonnaye, Dupleix, Montcalm, ces héros oubliés par la France oublieuse, avaient pris l'Inde et fondé une Amérique ; Malouet avait fécondé la Guyane. Nos pères ont perdu l'Inde et l'Amérique, délaissé la Guyane. Le repos, la gloire et la richesse de la patrie souffrent encore aujourd'hui de ces pertes. L'Inde et l'Amérique manquent à l'expansion fébrile, à la force, au commerce de la France.

« Aujourd'hui l'Algérie vient d'ouvrir à nos portes un continent tout entier ; la Guyane, les Antilles, Bourbon nous restent. En fécondant ces terres fertiles, en donnant jour à jour à leurs colons l'appui paternel et la liberté d'expansion que les jeunes pères donnent à leurs enfants, la France retrouvera bientôt l'Inde et l'Amérique perdues, retrouvera toute une source tarie d'expansions nécessaires, de force et de richesses.

« L'histoire à la main, chacun de nous peut voir comment les peuples et les nationalités grandissent.

« Ce n'est pas en vivant d'elles-mêmes, en ne demandant qu'à la patrie le pain de chaque jour, ce n'est pas en se nouant comme des arbres malades, en se tordant sur elles-mêmes à la façon des serpents blessés, en se consumant dans des regrets ou des aspirations stériles, dans des convulsions civiques plus stériles encore. Non !

« Les nationalités, la France surtout, sont comme ces arbres gigantesques, rois de la forêt. Pour vivre, il leur faut étendre au loin leurs racines et leurs rejetons, répandre en mille rameaux leur sève qui deborde et les étouffe, chercher sans cesse un air nouveau, des sucs nouveaux, des terres nouvelles, pour leurs troncs vigoureux qui doivent grandir incessamment, à peine de périr.

« Puisse Dieu, protecteur de la France, la guider par la main dans la voie féconde des colonisations ! »

Certes, voilà de nobles et généreuses paroles qui ont fait battre bien des cœurs. Si l'on en doit croire certaines rumeurs et beaucoup de journaux, nous sommes à la veille de grands changements qui assigneraient enfin à l'Algérie la place qu'elle devrait occuper depuis trop longtemps, hélas ! Libre au *Times* de dire que la France dégénère ; l'Algérie répondra bientôt, il faut l'espérer, aux assertions plus ou moins motivées du journaliste anglais. Une feuille d'Alger, examinant, à ce sujet, ce qui manque à notre colonie, réclamait pour elle un régime douanier plus libéral, des crédits suffisants pour ses desséchements, ses routes, ses ports de commerce, le système de la vente des terres, avec ou sans condition, substitué à celui des concessions, et surtout une valeur immobilière parfaitement assise.

Bien d'autres choses manquent encore à l'Algérie ; mais nous ne voulons examiner aujourd'hui que la manière dont l'administration actuelle réglemente quelques uns des points que nous venons d'indiquer, et tout cela à propos du chemin de fer, la grande question du moment, qui bientôt sera un fait accompli.

Il est certain que l'on n'aura pas perdu de temps en enquêtes et en discussions avec les propriétaires riverains. On se demande si le plan existe, et déjà les travaux sont presque achevés ! Voici un chemin de fer dont on parle depuis dix ans et qui est terminé en un mois ! Les procédés, il est vrai, ne sont pas les mêmes que dans la métropole, et ressemblent peut-être trop à une *exécution* militaire. Les propriétaires ne sont pas prévenus ; aucune enquête n'a lieu ; un bataillon arrive, campe, nivelle, déblaie, remblaie, et si vous vous adressez à un bureau quelconque, il vous renvoie toujours à son voisin. On vous ballotte de la préfecture au génie, du génie aux ponts et chaussées. Pendant ce temps-là des chemins *classés* sont coupés, et on ne parle d'aucun passage ; des fossés d'irrigation sont comblés, et il faut demander des aqueducs, des ponceaux pour l'exploitation des terrains !

Il est bon que l'autorité supérieure en France soit instruite de ces étranges errements qui certainement ne sont pas dans ses vues, car ce n'est pas ainsi que l'on colonise un pays ; ce serait plutôt le moyen de le rendre inhabitable aux plus intrépides. — Mais, dira-t-on, on vous paiera, messieurs les colons. — Ils l'espèrent bien ; seulement voici comment on compte le faire.

Loin d'estimer le sol en capitalisant sa vente à 5 ou même à 10 p. %, on se proposerait de ne donner que la valeur de deux ou trois ans au plus du revenu, sous le prétexte qu'aux colonies on achète souvent des plantations pour la valeur d'un an de leur rapport. Qu'on achète ainsi de celui qui *veut* vendre, qu'on paie même moins encore, il n'y a rien à dire ; mais *exproprier* sur de pareilles bases serait une énormité dont le gouvernement de la métropole ne permettra jamais l'accomplissement. Les terrains situés aux environs de Bouffarick s'affermment en moyenne de 300 à 500 fr. l'hectare ; l'administration dira qu'on peut les acquérir au prix de 1,000 fr. Sans doute, quand le vendeur et l'acheteur sont d'accord. Mais l'administration algérienne pourrait-elle ne les payer que sur cette base? Pourrait-elle exiger qu'on lui cédât pour 3 ou

4,000 fr. l'hectare les jardins d'Hussein-Dey qui se louent par an de 1,000 à 1,500 fr. au moins? Evidemment cela ne serait pas équitable.

En attendant, on ne semble pas s'occuper de régler l'indemnité pour les récoltes détruites ou empêchées par le fait des travaux du chemin de fer, et comme quelques unes de ces récoltes ont déjà été enlevées, que les foins et les moissons se font en même temps et actuellement, il sera bientôt impossible de constater et d'évaluer les dommages pour le réglement de l'indemnité.

Ces faits regrettables, s'ils se continuaient ou se répétaient, auraient pour conséquence nécessaire de décourager complètement les colons, sans que l'on puisse expliquer leur but ou justifier leur caractère.

Espérons que notre faible voix se fera entendre et qu'il sera temps encore de réparer le mal accompli; espérons que l'on tempérera ce beau zèle et cette économie mal entendue qui consisteraient à ruiner tous les propriétaires atteints par le tracé au profit de leurs voisins. Espérons surtout que la nouvelle organisation du pays, réclamée depuis si longtemps, entendra mieux ses intérêts et fera de l'Algérie ce qu'elle doit être, le grenier de la France et de l'Europe.

Nous aimons à emprunter au *Journal de Rouen* quelques lignes d'un homme qui a fait sur l'Algérie des études spéciales :

« Les soldats de la France ont conquis le sol de l'Algérie ; c'est aux capitalistes maintenant qu'il appartient d'achever cette entreprise si glorieusement commencée.

« Ce pays est un vaste champ ouvert à toutes les intelligences et à tous les capitaux ; c'est l'accroissement de la richesse et de la prospérité nationales.

« La paix, les produits si variés du sol, l'admirable position de l'Algérie sur la Méditerranée, et la rapidité des communications que la construction des chemins de fer va lui assurer, tout appelle le capital vers ce pays si riche en minéraux de toutes sortes et en produits qui ne demandent que le débouché et l'intelligence pour se multiplier à l'infini.

« L'exposition permanente (rue Grenelle-Saint-Germain, n° 107) étale ses produits, non à l'état d'échantillons, mais à l'état de production continue. Les fers, les aciers, les cuivres, le plomb, l'argent, le mercure, les céréales, la laine, le coton, la soie, le lin, la cochenille, la garance, les tabacs, etc., montrent aux yeux de tous la richesse fabuleuse de ce sol.

« Une vaste association pourrait imprimer le mouvement et donner un développement rapide à toutes ces ressources, car il n'y a qu'un capital élevé qui puisse faire quelque chose de grand, de durable, de profitable enfin.

« *Créer des établissements industriels, des maisons de commerce dans les villes principales et une flotte de bâtiments à vapeur,* tel devrait être le programme de cette entreprise, dont le but immédiat serait l'exploitation en grand de l'industrie et du commerce algériens, et dont le but à venir, commercial autant que politique, se trouve suffisamment indiqué par l'importance que vont acquérir la Méditerranée et l'Algérie.

« Cette vaste mer intérieure n'est-elle pas appelée à devenir le marché de l'univers ? et l'Algérie n'est-elle pas appelée à jouer le premier rôle par la fertilité de son sol, par ses mines si riches, par l'étendue de ses côtes, vers lesquelles doivent forcément arriver toutes les richesses africaines, pour de là se répandre dans l'univers entier ?...

« Ne voit-on pas luire, à travers ce peu de mots, un filon d'or plus pur et plus fécond que toutes les mines du monde ? Ne comprend-on pas alors que le temps est venu de mettre à exécution un projet que les chemins de fer africains sollicitent d'avance, et cela avant que cette bienheureuse coupure de l'isthme de Suez sépare l'Asie de l'Afrique ?»

Nous le disions avec vérité et conviction, l'Algérie n'a besoin que d'être connue... et bien administrée, et elle remboursera au centuple ce que l'on aura fait pour elle.

CHAPITRE IV.

CRÉATION DU MINISTÈRE DE L'ALGÉRIE. — DU PEU DE FACILITÉS ACCORDÉES AUX ÉMIGRANTS. — MOTIFS QUI LES POUSSENT PLUTÔT EN AMÉRIQUE. — MÉTÉOROLOGIE. — IL FAIT PLUS CHAUD A PARIS QU'A ALGER. — 14 JUIN 1830. — DE LA FRANCHISE DES PORTS ET DE SES DANGERS POUR L'ALGÉRIE.

7 juillet 1858.

Nous sommes assurément fort en retard aujourd'hui ; mais, puisqu'il faut l'avouer, nous attendions pour parler quelques explications sur le décret récent en vigueur depuis le 1er juillet. L'apologue du bon fabuliste (la montagne accouchant d'une souris) pourrait être appliqué aux rêves de nos Africains qui s'étaient doucement habitués à prendre leurs désirs pour la réalité. La colonie comptait voir un lieutenant de l'Empereur résider à Alger, s'occuper à domicile, en quelque sorte, de ses graves intérêts qui sont si intimement liés à ceux de la France ; un fonctionnaire nouveau et distinct, des employés de plus, un ministre centralisant au Palais-Royal les services du ministère de la guerre en ce qui concerne l'Algérie, du ministère de la marine pour ce qui a rapport aux colonies... Ce n'est pas là tout ce qu'attendait la France d'au-delà de la Méditerranée. C'est un triste réveil, il faut bien en convenir ; mais ne nous hâtons pas de juger l'œuvre et attendons encore. Peut-être des jours meilleurs vont se lever pour nous. Quelques réflexions sur un sujet aussi important seront plus opportunes lorsque l'on aura vu fonctionner la nouvelle machine, et il sera temps d'y revenir alors. Examinons, en attendant, l'ensemble des mesures prises dans la colonie et les faits les plus saillants du mois dernier.

Le gouverneur-général a cru devoir rappeler aux préfets les prescriptions de sa circulaire du 23 décembre dernier, à propos des nombreuses demandes en concession de lots de terre d'une petite étendue.

En principe, la mesure est contestable, et nous espérons que l'administration nouvelle, frappée des avantages de la vente sur la concession, — avantages prouvés par des faits qui se produisent en chiffres chaque fois que des terrains de l'Etat sont mis en vente, — adoptera définitivement ce système, en réservant les concessions pour des cas exceptionnels. Mais il est à propos de remarquer ici que jamais on n'a rien fait pour faciliter l'émigration en Algérie.

Nous voudrions trouver dans une circulaire du nouveau ministre, des mesures nouvelles aussi. Pourquoi des instructions ne seraient-elles pas envoyées dans toutes les mairies de France ? Dans ces instructions on expliquerait aux cultivateurs intelligents et honnêtes que la France d'outre-mer possède un sol fécond et généreux ; que pour y atteindre la fortune, ou du moins l'aisance qui suit toujours le travail honnête, les difficultés sont moins grandes qu'on ne le croit généralement ; qu'il suffit d'adresser une demande, d'y joindre des certificats constatant que l'on peut apporter à notre belle colonie, non seulement des bras, mais encore des avances suffisantes pour traverser les premiers mois et attendre les premières récoltes ; que des facilités sont accordées aux colons pour leur voyage tant en chemin de fer que sur les bateaux à vapeur, et qu'à leur arrivée dans les ports de l'Algérie une direction leur sera donnée aussitôt.

On va crier à l'impossible, et cependant que fait chaque jour pour l'Amérique l'industrie privée ? Pourquoi les gouvernements allemands croient-ils devoir arrêter le mouvement de l'émigration vers ces plages lointaines ? Et pourquoi ne faciliterions-nous pas, *administrativement* si cela est nécessaire, le mouvement qui doit peupler notre Algérie ? Nous ne nous apprauvririons pas ; au contraire, nous ferions une répartition avantageuse.

C'est ici le cas d'expliquer la préférence accordée aux colonies américaines dont nous parlons. Nous croyons être dans le vrai en disant que le Nouveau-Monde est bien loin, que les émigrants épuisent presque toutes leurs ressources pour y arriver, et que lorsqu'ils assistent à la ruine de leurs espérances, ils ne peuvent plus revenir chez eux y maudire en liberté ceux qui les ont fait partir et qui ont un grand soin d'empêcher leur retour. Ils y restent donc, ils y meurent, et les privilégiés de la fortune seuls reviennent voir leurs *neveux* dans la vieille Europe. Les désastres restent ignorés, et c'est devant ces rares succès que tout un pays rêve de l'Eldorado transatlantique.

C'est exactement le contraire qui arrive pour l'Algérie. Si la fortune sourit au colon, celui-ci ne veut plus rentrer en France. Mais lorsqu'un ivrogne, un mauvais ouvrier a vu sa santé détruite par des excès trop ordinaires, lorsque les portes se ferment devant lui ou lorsqu'il est bien convaincu qu'en Afrique pas plus qu'ailleurs le bien ne vient en dormant, il s'empresse de rentrer en France. Le gouvernement lui-même, dans certains cas, lui accorde des passages de retour, et toute la contrée dans laquelle il revient entend calomnier celle qu'il a quittée. Il ne dit pas que les excès seuls ont ruiné sa santé, que sa fainéantise l'a empêché de travailler, que sa mauvaise conduite l'a fait renvoyer de partout ; mais il assure à qui veut l'écouter que c'est folie d'aller en Afrique.

Nous avons entendu tout cela pour notre part, et c'est pour cette raison que nous voudrions voir le nouveau ministère s'occuper sérieusement et efficacement de faciliter l'accès de la colonie à tous ceux qui ne trouvent pas en France le moyen de s'occuper utilement.

Puisque nous en sommes aux erreurs ou aux préjugés, ne convient-il pas de faire remarquer que la chaleur n'est point aussi accablante en Afrique que nos ennemis—car nous avons des ennemis en France—veulent bien le dire? Indépendamment de la brise de mer qui permet au moins de respirer, quelle que soit la chaleur, les indications thermométriques comparées prouvent que Paris est moins habitable qu'Alger pendant l'été.

On va crier au paradoxe, et cependant nous avons de 19 à 22° à Alger lorsqu'il y en a 34 à Paris et *à l'ombre*, 36 à Rouen, 37 au Hâvre.

Qu'on ne vienne donc plus nous parler de climat de feu, d'air embrasé, de vent du désert, car tout cela ce sont des épouvantails d'enfants ; heureusement ils ne font pas peur à tout le monde. La statistique nous le prouve du moins ; car, s'il faut l'en croire, le nombre des voyageurs venus en Algérie aurait été 4,437 en 1853, de 7,684 en 1854, et de 9,802 en 1855.

Ces chiffres sont peu exacts et certainement inférieurs à la réalité. Pendant chacune des années 1853, 1854 et 1855, le chiffre de la population européenne de l'Algérie s'est accru, en chiffres ronds, de 10 à 12,000. Il a été constaté que cette augmentation provenait à peu près intégralement du progrès de l'immigration française, le chiffre des naissances et celui des décès s'étant compensé pendant ces deux années, et le nombre des émigrants étrangers ne figurant dans ces relevés que pour une faible proportion.

Acceptons donc cette statistique pour ce qu'elle vaut ; elle indique une progression qui ne peut qu'augmenter pour peu qu'on lui donne aide et protection, ces deux grandes choses sans lesquelles il semble que le Français ne puisse rien.

Les journaux ont reproduit, d'après le *Moniteur algérien*, quelques paroles du gouverneur-général prononcées dans un banquet de hauts fonctionnaires à propos de l'anniversaire du 14 juin 1830. Une feuille d'Alger, l'*Akhbar*, publiait ce même jour les lignes suivantes, auxquelles nous sommes heureux de pouvoir nous associer :

« C'est aujourd'hui, 14 juin, le 28ᵉ anniversaire du débarquement des Français à Sidi-Ferruch. Cet anniversaire, qui rappelle un des plus grands événements de l'histoire moderne, un de ceux qui auront exercé l'influence la plus décisive sur les destinées du monde, un de ceux qui intéressent non seulement la France, mais encore l'Europe tout entière, nous avons désappris de le célébrer.

« Et pourtant la France, délivrant les peuples de la piraterie, mettant le pied de l'autre côté de la Méditerranée, s'ouvrant un vaste continent, et reprenant l'œuvre interrompue des croisades ; la France arborant en Afrique le drapeau du christianisme et de la civilisation, tout ce passé, tout cet avenir, toute cette sublime mission qu'inaugurait le 14 juin 1830, c'est bien quelque chose dont notre nation peut être fière. Ce jour devrait être fêté solennellement en Algérie. Comment se fait-il qu'il passe inaperçu ? »

Le ministre de l'Algérie tiendra sans doute à honneur de réparer cet oubli, et il ne souffrira pas plus longtemps une pareille ingratitude. Le 14 juin 1859, nous aimons à l'espérer, inaugurera le culte des souvenirs et de la reconnaissance pour ce dernier bienfait que la monarchie nous laissait en prenant la route de l'exil.

Quelles seront les idées de l'administration nouvelle? Elle sera la bienvenue si elle doit nous rendre la justice qui nous est due, nous arracher au *bon plaisir* qui nous régissait et nous traiter autrement qu'en habitants d'un pays conquis.

On a beaucoup parlé, dans ces derniers temps, du libre échange et de la franchise des ports de l'Algérie. Sans savoir ce qu'il peut y avoir de fondé dans ces bruits, nous demandons que nos cultures soient au moins protégées, et que, par exemple, on ne ruine pas l'horticulture par la libre importation des fruits et des légumes de la côte d'Espagne. On le voit, nous ne sommes pas partisans de la franchise, à moins qu'on ne nous l'accorde à nous aussi, en France, et, à ce sujet, nous voulons emprunter à l'*Akhbar* un excellent article de M. F.-C. Beaumont :

« La combinaison qui a pour objet la franchise de nos ports, dit-il, a, au premier aspect, quelque chose de séduisant qui éblouit les gens superficiels. Il n'est donc pas inutile de l'examiner et de rechercher à quelles conséquences elle aboutirait.

« S'il fut un temps, de 1850 à 1855 par exemple, où l'on pouvait songer à faire momentanément d'Alger un port franc, ce temps est passé. L'occasion a été manquée, et, avec le système douanier qui domine en France, elle devait l'être. N'en parlons plus.

« La France repousse la plupart des produits de sa colonie d'Afrique ; elle leur oppose ses douanes et ses tarifs, et, quoiqu'ils viennent d'une terre française, elle les traite en étrangers. Ainsi le veulent la routine et les préjugés.

« Quelles luttes, quels efforts douloureux, quel travail d'enfantement ne lui a pas coûtés la loi douanière qu'elle nous a accordée en 1851 ! Elle faisait, en nous l'octroyant, violence à ses instincts et à sa nature. Les doléances, les réclamations, les protestations s'élevaient de toutes parts. Il semblait, à entendre certains orateurs, que cette mesure, destinée à sauver l'Algérie, allait perdre la métropole.

« Et pourtant est-il donc si libéral le régime douanier sous lequel notre colonie a été placée? Et quoique, tout restreint qu'il est, il profite à la France elle-même, voyons-nous qu'on s'empresse de l'élargir et d'abaisser maintes barrières préjudiciables aux intérêts des deux pays? Elles tombent une à une, mais lentement, après de longs intervalles, et seulement au gré des besoins de la mère-patrie.

« Or, devant de pareilles tendances, en présence d'un pareil système, comment admettre la franchise des ports de l'Algérie? Supposez un instant qu'elle soit déclarée. Les produits industriels étrangers vont y affluer, dites-vous ; leur arrivée donnera lieu à des transactions, à des échanges, à un vaste mouvement d'affaires, qui stimulera la production locale et vivifiera la colonie.

« Fort bien! mais aussitôt, par contre-coup, par une conséquence inévitable, la France se ferme aux produits de l'Algérie, dont les ports seront devenus des entrepôts de marchandises étrangères. Dès lors plus d'extension à espérer aux franchises de notre loi douanière actuelle : au contraire, cette loi peut être modifiée dans le sens d'une sévère prohibition ; elle peut être révoquée. Nos relations commerciales, en augmentant avec les autres pays, diminueront sans cesse avec la France, qui perd un débouché précieux pour ses manufactures, tandis que nous perdons le marché où doivent naturellement s'écouler nos produits, un marché qui pour nous vaut tous ceux du monde.

« Il est impossible que la France consente jamais à cela. Ce n'est point pour un tel résultat qu'elle a prodigué ses efforts et le sang de ses armées. L'Algérie aurait-elle sujet de s'en applaudir ? Ne serait-elle pas victime la première du relâchement ou plutôt de la dissolution des liens qui l'attachent à la métropole ?

« Car, ne nous y trompons pas, ce serait un acheminement à une séparation... A-t-on bien calculé la portée de ce mot ? Osera-t-on le prononcer ?

« Non, plutôt que de songer à ces dangereuses innovations, unissons-nous de plus en plus étroitement à la mère-patrie. C'est là qu'est notre avenir, c'est là que sont nos destinées. Que la France, de son côté, confonde ses intérêts avec les nôtres ; qu'elle soit toute à nous comme l'Algérie sera toute à elle, et que ces deux grands marchés, s'alimentant mutuellement, se complètent et se suffisent. Voilà le but qu'il s'agit d'atteindre. Une large modification de notre loi douanière actuelle, une assimilation commerciale nous y conduira. La déclaration de franchise de nos ports nous en écarterait fatalement.

« Séparation ! cette perspective, dans quelque lointain qu'elle apparaisse, est faite, à elle seule, pour tuer notre naissante colonie. Cachez-la-nous, vous qui prenez à tâche de nous la montrer, vous qui, dans vos articles de journaux et dans vos livres, justifiez cette éventualité menaçante en disant que l'Algérie aurait un jour plus de motifs de se séparer de la France que n'en avaient les Etats-Unis contre l'Angleterre. Quels sont les hommes qui tiennent ce langage insensé ? Que préparent-ils ? A quelle source vont-ils puiser leurs inspirations ? Français, ils sont les ennemis de l'Algérie ; Algériens, ils sont les ennemis de la France. »

Quand saurons-nous ce que nous allons devenir ? On pardonnera bien à la fiévreuse impatience d'hommes qui attendent ce qu'ils doivent craindre ou ce qu'ils doivent espérer.

Un mot peut relever tout leur courage et assurer

e triomphe complet, immédiat et définitif de la colonie, comme un mot peut les condamner pour longtemps encore au marasme et à l'impuissance. Espérons, et que Dieu sauve l'Algérie !

CHAPITRE IV.

LE *COURRIER DU HAVRE* ET LE MINISTÈRE DE L'ALGÉRIE. — COMMENT ON RÈGLE LES INDEMNITÉS DU CHEMIN DE FER. — DE L'AGRICULTURE DANS LA PROVINCE DE CONSTANTINE. — DE LA GRANDE ET DE LA PETITE PROPRIÉTÉ. — LES COLONIES DE SÉTIF.

---

5 août 1858.

« En créant un ministère de l'Algérie et des colonies, dit le *Courrier du Hâvre*, et en le confiant au prince Napoléon, l'empereur supprime les chances du conflit d'autorité et de confusion d'attributions qui n'auraient pu manquer de se produire si une position en dehors de la hiérarchie gouvernementale et administrative avait été instituée pour l'Algérie. D'un autre côté, l'esprit français est tellement logique, classificateur et ami des règles établies, qu'il aurait eu de la peine à admettre cette sorte de vice-royauté dont nos codes, nos constitutions écrites, nos traditions historiques ne parlent pas. Un ministère, au contraire, chacun sait ce que cela veut dire ; l'idée est nette et précise ; les cadres d'une telle administration sont faits d'avance : il n'y a qu'à les remplir. »

De tout ce que les journaux ont publié sur la question de savoir pourquoi on avait créé un ministère de l'Algérie et des colonies plutôt qu'une lieutenance-générale fonctionnant à Alger, c'est assurément la réponse du *Courrier du Hâvre* qui est la meilleure.

Nous ne pouvons, du reste, modifier en rien le fait accompli, et nous devons nous borner à espérer des changements favorables en tous points. Le nouveau ministère a bien des réformes à accomplir, des abus à supprimer, des torts à redresser, et comme l'inconnu a toujours un merveilleux attrait pour nous, comme surtout nous nous estimions fort mal et souvent fort injustement traités, nous croyons n'avoir qu'à gagner sous le régime nouveau.

Nous avons la satisfaction d'annoncer aujourd'hui qu'en vertu d'un récent décret, une enquête a été ouverte pour le réglement des indemnités du chemin de fer. Des affiches ont été placardées le 20 juillet, annonçant aux propriétaires qu'ils avaient dix jours pour faire leurs réclamations. Le plan définitif du tracé est enfin connu, et on a fait droit aux justes demandes des colons qui auront à traiter de gré à gré avec l'administration des domaines.

Tout cela n'est que justice et prouve si nos plaintes étaient fondées. Les terrassements sont terminés depuis la Maison-Carrée jusqu'à Bouffarick. Les soldats occupés à ces travaux ont quitté leurs campements pour se rapprocher d'Alger et commencer la section qui s'étend de la Maison-Carrée à Hussein-Dey d'abord, puis à Moustapha, et c'est seulement aujourd'hui que l'on parle de plan, d'expropriations, d'indemnités, de réglements ! Avions-nous raison de parler du Congo et de demander si nous étions taillables à merci ? Comprenez-vous en France que l'on s'empare de votre terrain, qu'un travail de cette importance soit exécuté sans aucun plan définitif, qu'une administration trouve la chose naturelle, puisque l'on ait tort de se plaindre d'aussi étranges procédés ? Grâce au ciel, nous rentrons dans le droit commun, et désormais nous serons traités d'une autre manière ; alors notre colonie rassurée n'aura pas de peine à devenir promptement ce qu'elle devrait être depuis si longtemps si l'on n'avait pas fait l'impossible pour arrêter son essor.

Décidément le vrai n'est pas toujours vraisemblable !

Des renseignements fort intéressants ont été fournis à la Société centrale de colonisation, par le docteur Moreau sur la province de Constantine, et nous croyons devoir donner ici les extraits publiés par le *Moniteur de la colonisation* sur la situation de Bône et de son arrondissement :

« L'agriculture, dans l'arrondissement de Bône, a fait des progrès plus rapides chez les petits colons que chez les grands propriétaires. Ceux-ci, à quelques exceptions près, se livrent plus spécialement à l'engrais du bétail qu'ils livrent au commerce d'exportation ; ils vont acheter, à certaines époques, sur les marchés de l'intérieur, de grands troupeaux qu'ils ramènent à la ferme, où des soins bien entendus leur donnent bientôt une plus-value considérable ; ils laissent leurs terres incultes pour les affecter au pacage de leurs troupeaux. Ce mode d'exploitation, qui se rapproche des coutumes arabes, est généralement fructueux pour ceux qui s'y livrent ; mais il donne aux grandes plaines l'aspect désolamment uniforme de l'inculture et de la solitude.

« Les petits propriétaires, groupés en général dans des villages, mettent en culture la plus grande partie des terres qui leur ont été concédées ou qu'ils ont acquises directement ; leurs principales récoltes consistent en tabac, coton, quelques légumineuses et un peu de céréales ; ils font, en outre, l'élève du bétail, qui leur constitue un fonds de richesse important. Les troupeaux de ces villages, qui vont paître en commun, augmentent annuellement ; il en est qui ont jusqu'à six et huit cents têtes ; plusieurs se plaignent de l'étendue de leur communal.

« En parcourant quelques uns de ces villages, on est frappé de l'air d'aisance et de bien-être qui y règne ; on remarque avec satisfaction que la plupart des maisons ont reçu des augmentations récentes : celle-ci a été élevée d'un étage ; à celle-là on a ajouté une étable, des hangars ; d'autres sont entourées de cours et de jardins garnis d'arbres fruitiers clos par des murs ou des haies vives ; enfin on y voit un matériel important d'exploitation, composé de voitures, charrettes, charrues, herses, etc., qui peut donner la mesure de l'activité agricole et de la prospérité des colons.

« La beauté et la fertilité de cet arrondissement, l'immense étendue de ses terres arables, la richesse de son sol et la prospérité de ceux qui existent font vivement regretter que les villages n'y soient pas plus multipliés. L'absence de voies de communication, le défaut d'aménagement des eaux et les lenteurs administratives pour la distribution des concessions sont les plus grands obstacles à l'établissement des colons libres : il semblerait qu'une intervention plus active de l'administration serait nécessaire pour attirer des cultivateurs et développer les richesses agricoles de cette fertile contrée.

« Quoi qu'il en soit des difficultés et des empêchements qui retardent ou arrêtent les progrès agricoles de cet arrondissement, il est néanmoins en voie de prospérité, qu'il doit en partie à ses richesses forestières et minérales.

« L'extraction du minerai de ses riches gisements de fer oxidulé, les nombreux chargements qu'on en fait pour divers points de l'Europe, son traitement sur place dans les usines et hauts-fourneaux de l'Alélick, l'exploitation des mines de plomb, de cuivre, des marbres, et surtout celle des forêts de liége, dont il a été fait dix ou douze concessions de plusieurs milliers d'hectares, sont des auxiliaires qui attirent une population industrielle considérable et concourent puissamment au développement de la colonisation.

« Il résulte de ces observations que la prospérité

actuelle de cet arrondissement semble tenir plutôt à l'action industrielle qu'à l'agriculture, Il n'est pas douteux que cet état de choses, peut-être regrettable pour le présent, portera ses fruits dans l'avenir. Autour de cette population industrielle, qui elle-même fournira des bras à l'agriculture, viendront nécessairement se grouper de laborieux cultivateurs. »

M. Moreau est l'adversaire de la grande propriété ; que doit-il donc penser de la décision impériale du 25 avril, grâce à laquelle la Compagnie des colonies de Sétif se trouve immédiatement mise en possession des 20,000 hectares qui lui avaient été concédés conditionnellement? Nous avons déjà eu l'occasion de nous élever contre ce système et surtout contre son application dans de pareilles conditions, et nous continuons à déplorer que le sol si fécond de notre colonie soit livré à des financiers genevois ou autres, tandis que tant d'agriculteurs français en réclament vainement quelques parcelles. Nous ne sommes pourtant pas les défenseurs de la petite culture, car on ne voit que trop aujourd'hui en France où conduit le système du morcellement illimité. Il faut assurément de petits cultivateurs, mais le docteur Moreau a le tort de trop généraliser ses anathèmes. Toutes les grandes propriétés ne sont pas incultes comme il semble le dire, et à côté des vastes prairies nécessaires à l'élève des grands troupeaux qui constituent une des sources les plus fécondes de la richesse d'un pays, il n'est pas rare de voir des champs de blé et de tabac qui pourraient au besoin plaider contre son système par trop absolu.

La grande propriété, acquise et non concédée, indique les grands capitaux, Or, que nous faut-il, surtout en Algérie ? Des capitaux, condition avec laquelle on est sûr de ne jamais manquer de bras. Laissez donc se multiplier les grandes propriétés, et tenez pour certain que les petits cultivateurs y trouveront leur compte ; mais éloignez la spéculation et redoutez les *manieurs d'argent*. Défendre la grande propriété et s'élever contre la nouvelle concession faite à la Compagnie de Sétif pourrait paraître une légère contradiction. Il n'en est rien, et tout le monde en Algérie sait à quoi s'en tenir sur les services rendus au pays par cette compagnie. Voyez pour cela le rapport au ministre de la guerre par le gouvernement de l'Algérie : il doit abonder en documents curieux, s'il renferme la moitié seulement des faits qu'une enquête préalable a dû lui révéler. Mais ne troublons pas les morts dans leurs tombeaux, et regardons l'avenir avec notre nouveau ministre, sans plus nous préoccuper du passé.

CHAPITRE VI.

DÉSORGANISATION. — M. ZOEPFFEL. — NOMINATION DU GÉNÉRAL DE MAC-MAHON COMME COMMANDANT SUPÉRIEUR DES FORCES DE TERRE ET DE MER.

12 septembre 1858.

Si je me suis fait attendre aussi longtemps cette fois, c'est qu'en vérité il n'est pas aisé de se reconnaître au milieu de l'étrange désorganisation dans laquelle nous nous trouvons. On comprend aisément qu'on ne peut pas tout changer en un jour et qu'il faut du temps pour reconstituer une administration presque entière. Impossible pour le moment de savoir à qui s'adresser; nous sommes dans le chaos le plus complet.

Une correspondance de Paris adressée à l'un de nos journaux semblait annoncer que notre nouveau ministre avait compris l'opportunité d'une mesure dont je vous ai entretenu il y a déjà longtemps : je veux parler des moyens à prendre pour favoriser l'immigration :

« Le prince Napoléon est décidé à faire tous ses efforts pour que l'émigration allemande et française qui s'écoule chaque année vers le Nouveau-Monde se dirige vers l'Algérie. Cette question le préoccupe beaucoup ; et on croit savoir que le prince, chargé du ministère de l'Algérie et des colonies, s'occupe en ce moment d'un projet qui assurerait aux émigrants qui se dirigeraient vers notre possession d'Afrique de grands avantages et une entière sécurité.

« Dans les plans de réformes en Algérie, le prince Napoléon se propose aussi, dit-on, de substituer les ventes à l'américaine au système actuel de concessions de terrains. »

Il est question, comme vous le voyez, de mettre un terme aux concessions. Mais quand ces espérances seront-elles des réalités ? On annonce une visite du prince Napoléon pour le 25 septembre, époque des courses. Nous pensons qu'à ce moment tout sera réglé avec le passé, que les rouages inutiles seront supprimés, qu'une impulsion nouvelle et régulière sera donnée au pays, et que nous serons enfin *administrés*.

Je terminerai aujourd'hui en empruntant à

l'*Akhbar* quelques lignes sur M. Zœpffel, dont le nom seul est un gage de bonne administration pour l'avenir :

« Dans ce nouveau ministère de l'Algérie et des colonies, dont l'importance se dessine chaque jour davantage, et auquel, par le choix du titulaire, S. M. l'empereur semble avoir conféré un droit de famille, la nomination récente de M. Zœpffel au poste de directeur de l'Algérie a été accueillie, on peut le dire, comme une bonne nouvelle dont chacun de nous s'est félicité.

« La vive sympathie qui s'attache au nom de M. Zœpffel s'explique parfaitement. C'est un nom éminemment algérien ; c'est un nom qui caractérise et personnifie au plus haut point l'administration civile avec ses tendances et ses principes.

« Ancien secrétaire-général de la direction de l'intérieur, M. Zœpffel, après avoir passé par les bureaux de la préfecture d'Oran (il est des temps d'épreuve dont le souvenir ne déplaît pas aux jours de prospérité : *olim meminisse juvabit !*) fut nommé à la sous-préfecture de Mostaganem, puis à celle de Philippeville, puis à celle de Bône. Appelé au sein du conseil de gouvernement, puis au secrétariat-général, il quitta ce poste éminent pour la préfecture de Constantine qu'il fallait confier à des mains fermes et expérimentées. La manière supérieure dont il remplit ces fonctions difficiles ne pouvait manquer d'attirer sur lui l'attention du gouvernement et de le mettre en évidence.

« L'Algérie doit être fière d'avoir pu fournir et signaler aux préférences de S. A. I. le prince Napoléon un administrateur aussi intègre que capable, formé à son école. et qu'elle peut revendiquer à bon droit. Elle doit s'applaudir en songeant que, dans cette diversité d'emplois et de situations, cet administrateur a été à même de l'étudier et de la connaître sous tous ses faces, et de s'initier à tous ses besoins comme à tous ses intérêts. Ce n'est pas telle ou telle province qu'il représente et à qui ses sympathies sont plus particulièrement acquises. Il représente et il défendra l'Algérie tout entière. L'Algérie tout entière peut compter sur lui. »

P. S. Au moment de clore ma lettre, le télégraphe nous apporte la nouvelle de la suppression du conseil de gouvernement et du secrétariat-général et de la nomination du général de Mac-Mahon comme commandant supérieur des forces de terre et de mer. Vous avez par conséquent lu et probablement publié le rapport du prince-ministre. A bientôt quelques appréciations et des détails plus intéressants que tout ce que j'ai pu vous transmettre aujourd'hui.

CHAPITRE VII.

DES PORTS FRANCS EN ALGÉRIE. — DES PRÉTENDUS SACRIFICES DE LA FRANCE POUR L'ALGÉRIE, ET COMMENT IL SE TROUVE, AU CONTRAIRE, QUE LA COLONIE ENVOIE DE L'ARGENT A LA MÉTROPOLE.

30 novembre 1858.

L'Algérie est territoire français !

Voilà ce que l'on a trop oublié dans la discussion qui s'est élevée au sujet des ports francs, et ce dont le *Courrier du Hâvre* n'a pas tenu assez de compte lorsqu'il écrivait, dans le courant du mois dernier, les lignes suivantes :

« Du reste, nous tenons l'Algérie pour un terrain parfaitement approprié aux expérimentations en matière de réformes douanières. Là le gouvernement pourra s'éclairer sur la portée avantageuse ou désastreuse de certaines réformes préconisées par les partisans du libre échange comme parfaitement inoffensives, tandis que les protectionnistes déclarent la France radicalement ruinée si on entre dans cette voie. Entre ces deux opinions opposées qui prononcera? L'expérience, une expérience sans danger, faite en Algérie.

« Quelques années d'un pareil essai prouveront, par l'irréfutable autorité des chiffres, si l'industrie française, si fière aux expositions, si humble dans les doléances et les réclamations de ses chambres de commerce et de ses comités de fabricants, est aussi hors d'état qu'elle veut bien le dire de résister à la concurrence étrangère. Quel que doive être le résultat, il sera bon que l'expérience ait été faite : favorable, la France pourrra à son tour s'apprêter à jouir des bienfaits de la liberté commerciale ; défavorable, il sera prouvé que les réclamations de nos protectionnistes étaient fondées, et que ces messieurs sont bien réellement aussi arriérés, aussi impuissants qu'ils le proclament à la face du monde : la France sera, une fois pour toutes, fixée sur ce point. »

Une expérience *sans danger!* Ce sans-façon en ce qui nous concerne est à enregistrer. Il serait bon de dire aussi pourquoi l'Algérie est si parfaitement appropriée aux expériences de messieurs les économistes. Probablement parce que la production agricole et industrielle commence à y prendre son essor, parce qu'elle a besoin d'être défendue, protégée contre la production étrangère. Et c'est le moment que vous choisissez pour savoir si les protectionnistes n'auraient par hasard pas raison ?

Heureusement pour les promoteurs de cette merveilleuse idée, ils donnent de meilleurs motifs que nous espérons de réfuter d'une manière non moins heureuse.

La vie à bon marché, la réduction du prix de la main-d'œuvre, un grand courant d'émigration, telles sont les promesses que nous font, dès le début, les défenseurs de l'affranchissement.

M. Weipperd leur a répondu dans l'*Akhbar*, et je le cite en entier :

« Les ports francs, l'étranger pourra nous vendre du blé, du vin, des tissus à meilleur marché que la France, cela est vrai. Mais croit-on sérieusement que lorsque les produits français seront exclus des marchés algériens, les négociants anglais, russes et espagnols encombreront les magasins de l'Algérie au point d'avilir leurs marchandises ? Point du tout. Les arrivages seront toujours réglés sur la consommation, et les étrangers, débarrassés de la concurrence française, maîtres absolus du commerce, ne réduiront leurs prix que tout juste assez pour éloigner cette concurrence, sans faire profiter l'Algérie de la totalité du bénéfice provenant de la suppression des droits de douane. Ainsi le consommateur algérien gagnerait quelques sous, tandis que le commerce français et le trésor public français perdraient des millions.

« En ce qui concerne la réduction du prix de la main-d'œuvre, il suffit de descendre des hautes régions de la théorie sur le terrain où s'accomplissent les faits, pour se convaincre que la liberté des ports de l'Algérie ne donnerait pas le résultat qu'on en espère sous ce rapport, lors même qu'elle amènerait, comme on le dit, une réduction notable dans les dépenses de la vie.

« En effet, le prix de la main-d'œuvre ne se règle pas seulement sur la cherté des vivres, mais aussi et surtout sur le plus ou le moins de facilité avec laquelle on peut se procurer des ouvriers, par rapport à la somme des travaux à exécuter. Aurait-on le pain et la viande à 10 centimes le kilogramme, le vin à 5 centimes le litre et le reste à proportion, si les bras manquaient, le prix de la main-d'œuvre serait toujours élevé.

« Mais, dit-on aussitôt, la mesure que nous proposons, que nous soutenons avec toute l'énergie d'une conviction profonde, aura pour résultat immédiat d'attirer en Algérie un grand nombre de colons et d'ouvriers de toutes sortes, précisément parce qu'ils seront sûrs de vivre à bon marché.

« Ce résultat est au moins très-problématique et plus contestable encore que les autres.

« On pourrait même affirmer avec assurance que la vie à bon marché, si elle avait pour conséquence certaine de déterminer par elle-même une réduction dans les salaires, ferait partir d'Afrique un grand nombre d'ouvriers, au lieu d'y en appeler.

« Il suffit, pour s'en convaincre, de raisonner et de réfléchir un peu à ce qui se passe tous les jours partout et sous les yeux de tout le monde.

« Depuis quand et dans quel pays ceux qui ont envie d'émigrer s'informent-ils de ce qu'on dépense dans la colonie où ils veulent se rendre? Jamais, nulle part. Vous les verrez tous et partout s'informer, s'inquiéter de ce qu'ils pourront y gagner, jamais de ce qu'ils devront y dépenser. La vie est fort chère aux Etats-Unis d'Amérique, ce qui n'empêche pas que des centaines de mille Européens ne s'y rendent chaque année. Pourquoi? parce que les salaires y sont très-élevés. Et en effet, tandis que la recette journalière de l'ouvrier est une chose connue, fixe et déterminée à l'avance, sa dépense est variable presque à l'infini, suivant les goûts, le caractère, le tempérament, les habitudes de chaque individu. On n'émigre qu'avec l'espoir d'être mieux ou de faire fortune; or, pour faire fortune, il faut amasser beaucoup, et pour cela il faut gagner beaucoup.

« Tel individu qui gagne à Alger, par exemple, 6 fr. par jour, peut, s'il veut vivre avec la sobriété d'un Maltais ou d'un Espagnol, ne dépenser que 1 fr. 50 c. ou 2 fr. Ce sera donc 4 fr. ou 4 fr. 50 c. qu'il économisera par jour, soit une quinzaine de cents francs par an. Au bout de deux ou trois ans, il aura un petit pécule qui lui permettra de créer un établissement ou d'acheter une propriété, et le voilà riche et heureux en travaillant; tandis que s'il ne gagne que 3 fr. il n'atteindra jamais ce but, lors même qu'il ne dépenserait que 1 fr. 25 c. ou 1 fr. 50 c., en le supposant assez résigné pour s'imposer d'aussi rudes privations dans le seul but d'économiser 1 fr. 50 c. par jour, chose assez peu probable; car en général l'homme ne se prive dans le présent que dans l'espoir de jouir plus tard, et cet espoir manque à celui qui ne peut compter que sur d'aussi faibles économies journalières.

« Qu'on dise donc aux ouvriers, aux cultivateurs, aux artisans de toutes sortes : Allez en Algérie, vous gagnerez de 2 à 3 fr. par jour, mais la vie y est à bon compte, vous ne dépenserez quotidiennement que 1 fr. 25 c. ou 1 fr. 50 c., et l'on verra s'ils ne répondent pas unanimement : Je gagne 2 ou 3 fr. par jour en France, dans mon pays, dans mon village, où la vie est encore moins chère qu'en Afrique ; je ne vois donc pas où serait l'avantage que pourrait m'offrir un déplacement aussi ennuyeux. »

On nous objecte bien encore *la consécration du grand principe de la liberté commerciale;* mais attendez, pour nous l'appliquer, qu'elle soit universellement reconnue : nous la subirons alors.

Nous nous opposons de toutes nos forces à la création des ports francs, parce que nous jouissons de faveurs *presque* suffisantes, et que pour nous l'impôt a été réduit à des proportions infiniment petites. Un nombre considérable de matières premières en ont été affranchies ; le fer a été dégrevé de la moitié des droits qu'il paie en France ; le sucre et le café n'en paient que le quart.

« En un mot, l'impôt perçu pour le compte de l'Etat sur l'entrée des marchandises ne produit que 2,500,000 francs pour 2,500,000 consommateurs : c'est juste 1 fr. par habitant. Certes, la suppression de cette taxe n'est pas de nature à produire un changement de quelque valeur dans les conditions de la vie matérielle. En France, les droits de douane représentent à peu près dix fois plus pour chaque habitant, et cependant la vie y est généralement plus facile. En Angleterre, ils représentent 17. »

Pour l'exportation, nous jouissons aussi de quelques faveurs dues au régime protecteur, et un décret récent vient encore d'augmenter la nomenclature des produits fabriqués en Algérie, dont l'art. 2 de la loi du 11 janvier 1851 autorise l'admission en franchise dans les ports de la métropole. Je cite toujours le même article :

« Ce que l'étranger n'achèterait qu'au rabais, la situation actuelle permet au colon algérien de le vendre avec profit. La France reçoit les matières premières de la colonie et ses ébauches industrielles en exemption de droits ; elle laisse au producteur, — nouvelle plus-value à ajouter à l'absence de l'impôt foncier, — le montant des taxes qu'elle perçoit sur les mêmes matières lorsqu'elles lui viennent des autres pays. Sur le marché français, le vendeur algérien reçoit ainsi 15 fr. de plus pour 100 kilog. d'huile que le vendeur sarde ou napolitain. Le prix de vente est le même pour tout le monde, mais les étrangers ont déboursé 15 fr. de droits d'entrée qui ont augmenté d'autant leur prix de revient et amoindri leurs profits. Il en est de même pour les laines, les peaux, les produits de la pêche, en un mot pour tous les produits naturels de l'Algérie.

« Concevrait-on l'espérance d'avoir des ports-francs pour l'entrée et de conserver le privilége sur le marché français ? Cette espérance n'est pas réalisable : le commerce en aurait promptement fait un abus, et la France aurait, de fait, ouvert ses ports et perdu ses revenus. »

Nous perdrions notre débouché le plus naturel, le plus national, pour en offrir un nouveau à l'Angleterre ! Tel est, je crois, le dernier mot de la discussion. Les seuls vrais intérêts de l'Algérie doivent être et sont du côté de la France dans la liberté commerciale complète entre la colonie et la métropole, dans l'abolition de toutes ces inintelligentes prohibitions du régime douanier que chaque jour voit disparaître et contre lesquelles nous ne cesserons jamais de réclamer. Ce n'est point la population commerciale dont nous avons besoin avant tout et qui doit suivre, dit-on, la franchise des ports ; c'est une population agricole qu'il importe de voir s'établir, et par elle seulement vous verrez diminuer le prix de la main-d'œuvre, le grand écueil de la production algérienne. Pour l'éviter, donnez-nous des routes et les facilités de transporter nos produits ; donnez-nous des ports de commerce où les navires ne soient pas exposés à se briser contre la côte et pour lesquels les assurances maritimes ne soient pas aussi chères.

Organisez l'émigration française, attirez l'émigration étrangère, comme nous l'avons déjà demandé à propos des *cent mille noirs* que l'on proposait de nous envoyer. Surtout constituez la propriété, et par là rassurez et attirez les capitaux. Que l'on ne traverse plus nos terres péniblement défrichées ; qu'on ne s'en empare plus sans enquêtes préalables, je dirai presque sans indemnité ! Protégez-nous au moins contre les dilapidations privées. Achetez nos produits au lieu d'en faire venir de l'étranger : vous nous ruinez tout en payant ces produits plus cher que le prix auquel nous vous les aurions livrés.

Ce n'est que le droit commun que nous réclamons, la simple justice, en un mot l'application du principe émis plus haut :

L'Algérie est territoire français.

Terminons par les lignes noblement inspirées dans lesquelles M. F.-C. Beaumont répond au *Moniteur de la Colonisation*, qui parle « des longs sacrifices que l'Algérie impose à la mère-patrie sans pouvoir les racheter par un avantage proportionnel ; » car il en est encore parmi nos compatriotes qui croient que, depuis quelques années du moins, l'Algérie coûte beaucoup à la France.

« L'état comparatif des recettes et des dépenses de l'Algérie en 1856, non compris les dépenses militaires et d'intérêt national dont le chiffre porté à 66,145,295 fr. est réservé, a donné un excédant de près de *cinq millions* de francs.

« Et dans cet excédant ne sont pas compris les revenus toujours croissants du service des postes et le produit de la vente de nos terres domaniales, dont l'Algérie devrait profiter, et dont profite exclusivement le trésor public.

« Et depuis 1856, quelques unes de ces recettes ont notablement augmenté, entre autres celle des centimes additionnels, dont l'assiette a été élargie et régularisée.

« Rendez à l'Algérie son budget colonial ; l'occasion est propice, puisqu'il s'agit de nous doter de conseils généraux. L'Algérie, pouvant disposer à sa guise d'un excédant de recettes de 5 millions par an, saura pourvoir à ses besoins, et ne sera plus réduite à tendre la main pour ses ports et pour ses routes, alors qu'elle est plus qu'en état de se suffire à elle-même.

« Mais, dira-t-on, que faites-vous de ces 66 millions et plus de dépenses militaires et d'intérêt national que l'Algérie occasionne chaque année à la mère-patrie ?

« Ce que nous en faisons ? Nous les mettons à la charge de la France, qui aurait à entretenir, à bien peu de chose près, dans ses ports et dans ses garnisons, le même nombre de vaisseaux et de régiments. Régiments et vaisseaux ne seraient pas sur le pied de guerre, d'accord ; la dépense serait moindre, c'est convenu. Qu'est-ce donc qui représente la différence pour la métropole ?

« C'est d'occuper, de l'autre côté de la Méditerranée, une position politique, militaire et maritime de premier ordre. C'est d'y entretenir une armée que la France peut, en toute éventualité, montrer à ses amis comme à ses ennemis, qui, soldats et généraux, a fait de l'expédition de Crimée une sorte de légende et d'épopée comparable aux plus glorieux souvenirs de notre histoire.

« Donner de la gloire à la France, c'est plus encore que de lui donner une assistance alimentaire. L'Algérie a donné l'une et l'autre, elle continuera de donner l'une et l'autre au gré des circonstances; elle ne *vivote* pas, elle *vit* déjà; elle *paie sa carte*, puisque le mot a été prononcé, et elle proteste contre toute idée de réduction d'établissement, contre toute idée d'essai de liberté douanière. »

CHAPITRE VIII.

M. GÉRY, PRÉFET. — LA PRESSE EN ALGÉRIE. — ENCORE LES INDEMNITÉS DU CHEMIN DE FER. — DES AVANTAGES DE LA CULTURE DU TABAC. — ZÈLE INTEMPESTIF DES AGENTS DE L'ADMINISTRATION ET INJUSTE DIMINUTION DU PAIEMENT AUX PLANTEURS. — ENCORE LES PETITES CONCESSIONS. — M. COSTALLAT ET L'OBLIGATION AUX COLONS DE FUMER LEURS TERRES.

11 décembre 1858.

Lorsque je rappelais dernièrement, et à propos des expériences que les libres échangistes proposaient de faire chez nous *in anima vili*, que l'Algérie était territoire français, j'empruntais, sans m'en douter, les premiers mots de la proclamation de M. Géry, notre nouveau préfet :

« L'Algérie a cessé d'être une colonie ! »

Nous avons déjà ressenti les heureux effets de ce changement d'administration, et n'aurions-nous conquis qu'une liberté *relative* de la presse que nous devrions nous estimer heureux. Vous ne vous doutez guère du régime sous lequel nous vivions ici, et les journaux d'Alger pourraient seuls vous dire les luttes qu'ils ont eu à soutenir, les remontrances qu'ils ont subies. L'un d'eux déclarait dernièrement qu'il avait été averti pour avoir discuté la défense qui lui avait été faite par un *commmuniqué* officiel de s'immiscer dans tout acte où l'administration intervenait, *soit directement, soit indirectement*. Or, l'administration était partout. Jugez par là combien il était facile de se plaindre des injustices commises!

Aujourd'hui les rôles seront bien changés, et tels actes que l'on pourrait citer ne se répéteront plus alors que l'on pourra dire bien haut ce qu'il fallait jusqu'à présent penser tout bas.

On nous écrivait dernièrement de Paris :

« La concession des chemins de fer algériens préoccupe en ce moment toute la haute banque... Ils se présentent avec des avantages importants pour les capitalistes qui choisiront ce genre de placement... Une partie des terrains sera concédée gratuitement par le gouvernement ou pourra être achetée à peu de frais. Il n'y a pas de difficultés sérieuses à surmonter pour les travaux du génie, et la compagnie sera, dit-on, autorisée à employer l'armée aux travaux de terrassement. »

Sans vouloir affirmer complètement ou nier le contenu de cette note, je crois pouvoir vous assurer que rien n'est encore décidé; mais, à ce sujet, je vous ferai remarquer que les dernières lignes relatives au bon marché de l'acquisition sont une suite de ce principe dont je vous parlais déjà au mois de juin dernier. On veut bien prendre des terrains, mais à la condition qu'on en donnera un prix convenable... à celui qui prend. L'ingénieur du chemin de fer est, dit-on, fort vexé des demandes des propriétaires qu'il taxe d'exorbitantes, puisqu'il y aura environ 500,000 fr. d'indemnités de terrains à payer d'Alger à Bouffarick seulement, au lieu de 60,000 fr., montant de sa première et toute personnelle estimation. Ses calculs seront donc dépassés. C'est fort malheureux, en vérité; mais aujourd'hui, — et c'est pour cela que j'ai commencé en vous parlant des services que la presse était appelée à nous rendre, — on ne pourra plus nous faire d'offres dérisoires, dire qu'aux colonies on achète des terrains pour un an de leur revenu : ce à quoi nous répondrons avec notre préfet que l'Algérie a cessé d'être une colonie. Nous ne traiterons pas à l'amiable. Peu nous importe; mais nous vendrons nos terrains au lieu de nous les voir arracher à vil prix.

La question des indemnités du chemin de fer est plus capitale qu'on ne voudrait le dire, et, d'après la manière dont elle sera réglée, les colons pourront juger si la propriété a des garanties réelles aujourd'hui, ou si, ce qu'à Dieu ne plaise, notre gouvernement n'a fait que changer de nom.

Je vous ai parlé plusieurs fois déjà de la culture du tabac : tout le monde sait qu'elle figure au premier rang dans les progrès agricoles de la province d'Alger ; mais il y a certaines circonstances se rattachant à cette culture qui ne sont pas assez connues et qu'il est à propos de livrer à l'appréciation publique. Je les extrais de l'excellent rapport de M. L. Bonand présenté à la société d'agriculture d'Alger :

« D'après un relevé des achats faits en dix ans par la régie dans la province d'Alger, que M. le chef du service des tabacs en Algérie a bien voulu faire faire sur ma demande, les livraisons, qui n'étaient que de 138,574 kilogrammes en 1848, se sont élevées, au bout de cinq ans, en 1852, à 621,027 kilogrammes, et cinq ans après, en 1857, à 3,751,214 kilogrammes, qui ont été payés 3,409,881 fr. (Le territoire de la commune de Bouffarick avec ses annexes y est compris pour 1,525,568 kilogrammes payés 1,250,417 fr.)

« Ainsi, dans la seule province d'Alger, cette culture est en position, dès à présent, de créer chaque année, en y comprenant les ventes faites au commerce, des valeurs, autrement dit des capitaux au-delà de 4 millions, qui entrent dans la circulation et *qui demeurent dans le pays*, tandis que les capitaux venus de France ou d'ailleurs sont sujets à s'effrayer et prompts à se retirer, en occasionnant une crise par leur retrait, comme on ne l'a que trop vu.

« Une circonstance providentielle de cette culture, dans ce pays où se trouvent tant d'individus qui n'y ont apporté d'autre ressource que celle de leurs bras, c'est que, comme la culture du thé en Chine, elle se prête à être faite par des gens qui ne possèdent ni terres, ni bestiaux, ni matériel, et ne fournissent dans l'exploitation à laquelle ils sont intéressés que leur main-d'œuvre. Une famille sans mauvais antécédents trouve facilement un propriétaire qui lui livre, labouré et prêt à planter, un hectare ou plusieurs, suivant le nombre d'individus qui la composent, en lui faisant, pendant six ou huit mois, toutes les avances de nourriture et de logement jusqu'au moment de la récolte, dont elle aura les trois cinquièmes ; proportion qui peut produire un résultat assez satisfaisant, car un hectare de bon terrain, *travaillé comme il doit l'être,* donnera de 1,500 à 2,500 kilogrammes, soit un produit brut entre 1,500 et 2,500 fr., d'autant plus rapproché de ce dernier chiffre que la culture aura été plus soignée et la pioche surtout mieux employée. Plus tard, cette famille, avec le fruit de son travail, pourra louer du terrain à prix d'argent et recueillir ainsi tout le produit de la récolte. Plus tard encore, avec ses économies, elle sera en mesure d'acheter elle-même du terrain et de devenir propriétaire à son tour. Et c'est là assurément l'origine la plus recommandable de la propriété.

« Il y a encore une circonstance heureuse à noter, c'est que la culture du tabac, ou plutôt le désir d'étendre aventageusement cette culture, contribuera à la salubrité de la contrée, en provoquant le dessèchement des marais qui y existent encore. Il est notoire, en effet, que le sol des anciens marais, rendu cultivable par le creusement de canaux et de rigoles d'écoulement, fournit de magnifiques récoltes de tabac ; et il est certain que beaucoup de propriétaires seront disposés à faire des sacrifices dans le but de concourir avec l'Etat à des opérations d'assainissement qui sont bien désirables de toute manière.

« Enfin il n'est pas hors de propos de rappeler

qu'un terrain où l'on a fait convenablement la culture du tabac, où par conséquent l'on a, autant que possible, par les labours et les binages, ameubli le sol et détruit les mauvaises herbes, est éminemment propre à donner une bonne récolte de blé. L'année dernière, dans un terrain semblable, le long de la route de Bouffarick à Soumah, un cultivateur qui avait semé deux sacs de 95 kilogrammes, c'est-à-dire un peu moins de deux quintaux, sur 2 hectares 75 ares (c'est avec raison qu'il avait semé clair), a recueilli l'énorme quantité de 95 quintaux; ce qui constitue un produit net à peu près aussi considérable que celui du tabac, eu égard à la dépense relativement faible qui est nécessaire pour préparer la récolte du blé. »

A propos de tabacs, il est bon de remarquer que cette année ils ont été fort mal payés par l'administration, qui a profité de la crise commerciale et du peu de commandes envoyées par l'étranger pour faire les prix, c'est-à-dire les diminuer d'une manière sensible. La plupart des employés subalternes, par une excès de zèle fort louable peut-être, mais beaucoup moins politique au point de vue colonisateur, font subir au tabac une diminution de prix qui varie de 15 à 25 francs par 100 kilog. Pour cela, ils classent dans les secondes qualités ceux qui sont de première, et ainsi de suite. C'est une criante injustice qu'il suffira de signaler pour qu'elle ne se renouvelle plus. L'administration fait, du reste, d'assez brillantes affaires pour qu'il lui soit interdit de spéculer ainsi sur les pauvres colons.

Je ne puis vous donner aujourd'hui des chiffres exacts sur la production de cette importante culture qui, pour les deux arrondissements d'Alger et de Blidah, a occupé cette année 2,094 planteurs sur une superficie totale de 4,181 hectares 89 ares.

Nous ne pouvons laisser passer sans protestation l'incroyable rapport sur le rendement des céréales en 1858, fait au prince chargé du ministère de l'Algérie et des colonies par M. Costallat, qui a géré la préfecture d'Alger jusqu'à l'arrivée de M. Géry. Nous y retrouvons ces déplorables idées sur le morcellement des terres contre lesquelles nous n'avons jamais cessé de nous élever. Ce fonctionnaire, digne représentant d'une administration qui n'est plus, voudrait revenir au système de 1845 à 1856, c'est-à-dire aux concessions de 6 à 10 hectares, qui sont remplacées aujourd'hui par des concessions de 10 à 20. En outre, il est question de forcer *administrativement* les colons à mieux cultiver leurs terres.

Mais, monsieur Costallat, vous êtes le *passé*, et vous n'y songez guère. Nous sommes heureusement affranchis du régime qu'il vous conviendrait de nous appliquer. Le prince chargé du ministère l'a dit assez clairement à Limoges, et notre préfet nous l'a répété dernièrement, c'est l'indépendance qui nous a été donnée avec la liberté de l'initiative individuelle. Que l'administration fasse respecter nos propriétés, nous saurons bien les fumer et établir de bons assolements sans y être forcés. Quant à votre système de petites concessions, n'a-t-il pas été jugé et surtout condamné par vingt années de malheureuses expériences? Nous citerons à ce sujet de très-justes réflexions publiées par un excellent recueil qui cesse malheureusement sa publication, les *Annales de la colonisation :*

« Sauf le voisinage immédiat de centres importants, tels qu'Alger, Constantine, Oran et autres, où le cultivateur trouve à vendre avantageusement ses légumes et ses fruits, et d'où il rapporte les engrais nécessaires à la réparation des forces productrices de sa terre, la petite concession, la concession de 6 à 10 hectares, nous ne saurions assez le répéter, est la pierre d'achoppement contre laquelle se heurte la colonisation européenne.

« C'est la culture à outrance, l'épuisement prématuré du sol, l'infertilité et la misère ; c'est la source de cette sorte de communisme agricole qui met le colon à la charge de ses concitoyens ou de l'Etat ; c'est, dans tous les cas, la dépendance, le vasselage, nous dirions presque le servage du cultivateur.

« Il n'y a que des malheureux sans ressources et sans espoir qui, en Algérie, dans les conditions ordinaires où s'effectue le peuplement, puissent se contenter d'une concession de 6 à 10 hectares, et une fois qu'ils y sont installés, ils ne manquent pas d'y consommer le peu qu'ils possèdent, quand ils possèdent quelque chose.

« Pressés d'avoir des produits, ils cultivent le plus qu'ils peuvent, et plus ils cultivent, plus ils hâtent le moment où la terre appauvrie ne leur rendra plus qu'une chétive récolte, impuissante à suffire même à leurs premiers besoins.

« Pour cultiver avec fruit, il faut des engrais, afin de rendre au fur et à mesure au sol les principes nutritifs que lui enlève la production des végétaux, et, pour avoir des engrais, il faut du bétail. Comment veut-on dès lors qu'un pauvre colon, propriétaire de 6 à 10 hectares de terre inculte, et trop souvent même d'une exploitation très-difficile, puisse trouver sur ce maigre lot les pâturages nécessaires à l'entretien du bétail qu'il devrait avoir ? Si même, dans de pareilles conditions, il commettait la faute d'en acheter, il lui serait la plupart du temps impossible de le nourrir, et ce ne serait qu'une perte de plus à ajouter à toutes celles auxquelles le condamneraient infailliblement les difficultés de la misérable situation où il aurait été placé.

« Or, dans notre conviction, c'est par le bétail que le colon doit commencer son exploitation rurale ; c'est le bétail qui doit devenir la base de ses cultures et la source de son bien-être à venir. Mais pour cela il lui faut de la terre et de l'espace ; et, Dieu merci, ce n'est ni la terre ni l'espace qui manquent en Algérie.

« Quand on voudra sérieusement s'occuper du cantonnement des indigènes, on trouvera dans le Tell seulement des millions d'hectares à livrer à l'immigration européenne.

« Cela vaudra mieux, nous le croyons, que de borner la ration des colons futurs à 6 ou 10 hectares, pour *les forcer à mieux cultiver leurs terres et à s'ingénier pour obtenir de leur concession un rendement suffisant pour leur subsistance*, comme le dit l'auteur du rapport.

« Loin donc de borner les concessions à 6 ou 10 hectares, ainsi que le demande le rapport qu'on vient de lire, nous voudrions que l'on n'en fît aucune de moins de 25 à 30 hectares, et même de 20 à 25 hectares suivant les circonstances.

« Au surplus, il existe un moyen bien simple de mettre tout le monde d'accord, c'est de renoncer au système des concessions, qui est désormais jugé, et de le remplacer par la vente des terres tout à la fois à bas prix et à prix fixe ; de cette manière, chacun saura bien ce qui lui conviendra, et le saura beaucoup mieux que l'administration ne pourrait jamais le savoir pour lui.

« Vous paraissez désirer voir dominer la petite culture en Algérie ; soyez tranquille, la petite culture viendra plus tard par les échanges, les ventes, les partages, les successions, etc.; mais alors elle viendra d'elle-même, en son temps, et par un effet naturel des progrès agricoles du pays. »

Si vous le vouliez, nous vous dirions bien quel avantage réel vous trouvez dans ces petites concessions ; mais ces beaux jours sont passés pour vous, et surtout pour nous. Nous ne formons qu'un vœu : c'est qu'ils ne reviennent plus.

CHAPITRE IX.

TOUJOURS LES INDEMNITÉS DU CHEMIN DE FER. — LES CONSEILS GÉNÉRAUX. — FRUITS DE LA SUPPRESSION DE LA RESPONSABILITÉ DES TRIBUS. — CRÉATION D'UNE ÉCOLE DE MÉDECINE. — LES TURCOS ET LES JUIFS DE TLEMCEN.

22 février 1859.

Je dois continuer à vous signaler le *statu quo* administratif en matière d'indemnités relatives au chemin de fer, qui est achevé ou à peu près ; mais personne ne règle cette petite note, et il est humiliant de penser que l'Etat se laissera attaquer en paiement de ce qu'il a pris, au lieu de solder convenablement, ainsi qu'il conviendrait surtout de le faire dans un pays encore dépourvu de jury d'expropriation. Vous trouverez sans doute que je rabâche ; mais cette question, je vous le répète, est capitale pour notre pays, et de sa solution, conforme ou non à l'équité, à ce que j'appellerai le droit des gens, dépendent les appréciations que nous pouvons faire de l'administration nouvelle qui nous régit. Nous ne croyons plus guère aux paroles ; on ne peut nous convaincre aisément aujourd'hui que par des faits, et nous attendons !

Je ne vous ai pas envoyé le résumé des séances de nos conseils généraux occupés des intérêts privés, et, si je puis m'exprimer ainsi, du détail de notre ménage ; mais j'aurai, par la suite, à vous rendre compte des résultats pratiques de leurs travaux. La réunion seule de ces conseils est un premier gage de sécurité donné à la colonie ; elle doit réclamer aujourd'hui la formation du jury d'expropriation qui l'arrachera des mains de l'arbitraire. Or arbitraire peut souvent se traduire par injustice.

Nous sommes à l'affût, ainsi que vous pouvez le penser, de tous les décrets et de toutes les circulaires émanés de notre nouveau ministère. Nous nous plaignons souvent, ou plutôt nous nous sommes plaints, non sans raison ; mais nous aimons à reconnaître aussi tout ce qui se fait de bien, même en *intention non suivie de faits*. C'est à ce titre que je vous communique le passage suivant d'une circulaire aux préfets :

« Votre tâche est aujourd'hui bien définie, dit le prince: hâter, par de promptes décisions, toutes les solutions qui dépendent de votre autorité ; simplifier les procédures ; favoriser, en écartant autant que possible les formalités inutiles, les efforts de toutes les activités appelées à transformer le pays ; aider et stimuler au lieu de retenir ; diminuer les écritures au profit de l'action ; prouver aux populations que l'administration est un appui et un levier pour toutes les entreprises honnêtes, qu'elle n'a de frein que pour le désordre et les mauvaises passions ; tels sont les devoirs dont vous avez à vous pénétrer. »

Un décret autorise le changement de résidence des Arabes fixés sur le territoire militaire, les laissant libres de venir chez des Européens, et les affranchissant, dans ce cas, de l'impôt de l'achour. Evidémment l'esprit de ce décret est de faciliter les exploitations régulières et d'abaisser par la concurrence les prix de main-d'œuvre ; mais l'opinion publique aurait grand besoin d'être rassurée, car elle a été vivement émue des crimes et des déprédations de toute sorte qui se sont commis jusque dans les environs d'Alger. La responsabilité des tribus, supprimée par une circulaire en date du 24 novembre, ne serait-elle pas encore, et jusqu'à nouvel ordre, une nécessité absolue ? C'est un point d'interrogation que nous posons humblement, car les derniers faits semblent être malheureusement en contradiction flagrante avec les termes de l'autre circulaire du 28 décembre sur le même sujet.

C'est, du reste, l'opinion exprimée par l'*Akhbar* du 1ᵉʳ février, qui, rapportant quelques nouveaux assassinats, en recherche les causes et arrive à cette conclusion, que la sécurité dont nous jouissons avait été obtenue jusqu'ici par la responsabilité collective des tribus, supprimée par la circulaire ministérielle du 24 novembre dernier :

« Quiconque connaît le caractère arabe, ses tendances de désordre, de violence, de rapine ; quiconque a pu se rendre personnellement compte des difficultés énormes que la justice française rencontre chaque fois qu'elle doit chercher des renseignements chez les indigènes ; la difficulté, je dirai même plus, l'impossibilité d'arriver à découvrir la vérité ; le système de mutisme ou de dénégations des gens appelés en témoignage, celui-là regrettera avec nous et regardera comme déplorable le retrait de la mesure relative à la responsabilité collective des tribus arabes. »

Nous avons enfin une école de médecine dont le besoin se fait sentir depuis trop longtemps.

Vous aurez appris probablement, dans le temps, les étrennes données aux juifs de Tlemcen par les tirailleurs algériens. En mai 1855, cette ville avait déjà été le théâtre d'une lutte sanglante. Le 1ᵉʳ janvier de cette année a vu le retour de ces atrocités. Ces bandes auxquelles je ne veux pas donner le nom de soldats se sont répandues, armées de sabres et de baïonnettes, dans toutes les parties du quartier juif, arrêtant ceux que le hasard plaçait sur leur chemin, les battant et les volant. Les maisons furent envahies et pillées, le sang coula, et mille atrocités furent commises. On ne sait trop ce qui serait arrivé sans les mesures énergiques prises par le sous-préfet et le général commandant la subdivision.

Pourquoi des troupes indigènes? pourrions-nous demander tout d'abord; et leur existence actuelle est-elle conforme aux règles d'une saine politique? Pourquoi une paie plus élevée pour les turcos, qui en définitive ne valent pas nos braves soldats? Cette troupe est un fléau pour la population indigène en même temps qu'un spectacle immoral pour les Européens.

Cette haute paie sert à gorger d'absinthe et de hatchich des gens qui ne rendent pas ce qu'ils coûtent et qui voudraient ressuciter les janissaires sur un territoire français. Il serait à désirer, si ces corps indigènes ont encore une raison d'être, que le séjour des villes leur fût complètement interdit, et mieux vaudrait surtout les envoyer au Sénégal, où ces hommes, si dangereux dans nos villes, pourraient rendre de vrais services.

Des arrestations ont été faites à la suite des événements de Tlemcen, et nous espérons que la juste sévérité du conseil de guerre fera un exemple qui préviendra à tout jamais le retour de ces atroces violences.

Nous devons payer ici un juste tribut de regrets aux *Annales de la colonisation algérienne*, qui ont cessé de paraître faute d'une légère subvention de l'Etat. M. H. Peut était un publiciste distingué et consciencieux ; nous n'adoptions pas toujours ses idées, mais ce recueil, qui ne semble pas devoir être remplacé, manque au pays. Espérons, avec tous les vrais amis de l'Algérie, que cette publication renaîtra de ses cendres, et que son directeur ne sera pas éternellement condamné au silence.

CHAPITRE X.

LA DÉSORGANISATION CONTINUE. — DES DOUANES. — PUITS ARTÉSIENS.

16 mars 1859.

Plus nous allons, plus je me réjouis de n'avoir pas battu des mains à l'arrivée du nouveau pouvoir, et de vous avoir toujours dit : Pour juger, attendons les faits, car nous ne voulons plus croire aux paroles ni aux promesses. La désorganisation continue, et je ne sais en vérité où elle s'arrêtera ; mais nous ne pouvons aller bien loin, car la table est rase, et l'heure sonnera bientôt où, pour faire quelque chose, il faudra nécessairement organiser. En attendant, je vous transmettrai quelques réclamations que j'entends faire chaque jour, et par le commerce, et surtout par les voyageurs qui commencent à affluer dans notre beau pays.

Parler de douane est peu intéressant sans doute ;

mais dès lors que l'Algérie a cessé d'être une colonie, — si l'on en doit croire nos nouveaux administrateurs, — il importe que les colons Algériens soient au moins traités *sur le pied des nations les plus favorisées,* comme l'on dit.

Nous réclamons une chose bien simple : la faculté d'arriver d'Algérie en France, comme l'on y vient de Bruxelles, de Cologne, de Munich, etc.

Un exemple vous fera mieux saisir la justice de nos réclamations. J'arrive d'Allemagne à Paris par le chemin de fer du Nord ; mes bagages, quittant les états du Zollverein, traversent en transit la Belgique ; on ne visite à la frontière française que les effets à destination de la route entre ladite frontière et Paris, et, en arrivant à Paris seulement, la douane ouvre mes malles et me rend la liberté. Mais lorsque je continue de Paris à Lyon par exemple, en arrivant dans cette dernière ville, les préposés de l'octroi me demandent si je n'ai rien de sujet aux droits, et tout se borne là.

Voilà donc les formalités à accomplir pour entrer en France *en venant de l'étranger* et pour circuler en France.

Les voyageurs se rendant d'Alger à Paris ont de bien autres tracas, et vous allez en juger. J'arrive à

Marseille, des canots me conduisent à terre, on m'enferme dans une salle d'attente en me donnant un numéro avec lequel je ferai visiter mes bagages lorsqu'ils seront débarqués. Je puis être fort empressé de quitter Marseille, où l'hospitalité se vend, mais ne se donne jamais ; je puis me ressentir encore des émotions de la traversée ou mourir de faim, n'importe ! je dois rester dans ce lazaret de la douane et attendre deux heures au moins le moment où mon numéro appelé me permettra d'aller ouvrir mes malles bien cordées, bien rangées, que je devrai refaire moi-même, fermer moi-même, si je le peux, corder moi-même, si je ne suis pas une faible femme incapable de me livrer à cette rude besogne. Puis je suis encore obligé d'aller chercher chez le commissaire de police mon passeport visé pour une destination quelconque. Pendant ce temps, la nuit avance, je continue à mourir de faim ; l'express part, et me voici condamné à revoir la Cannebière, à errer dans Marseille, et à y attendre un train du lendemain.

Ne croirait-on pas, en lisant ce qui précède, que le voyageur dont je parle, moi si vous voulez, ne croirait-on pas que j'arrive du bout du monde, ou seulement de l'Angleterre, patrie de la contrebande, ou bien encore de ce grand entrepôt de cigares étrangers qui s'appelle Genève ?

Nullement : j'arrive d'un pays qui aurait *cessé d'être une colonie*, si nous devions croire tout ce que l'on dit ; d'Alger en un mot, organisé civilement ; de l'Algérie, qui a ses douanes comme la France, dont *toutes les frontières sont gardées de Tunis au Maroc*, comme les Pyrénées, le Rhin et les Alpes, dont les côtes sont couvertes de postes de douaniers, absolument comme les côtes de France, et où aucune marchandise étrangère ne peut pénétrer sans être soumise au contrôle administratif qui la repousse ou l'assujettit au droit. Or, l'acquittement des taxes d'entrée sert à la marchandise de naturalisation ; donc il n'y a en Algérie que des marchandises nationales.

Vous me direz que tous les raisonnements les plus justes de la terre ne servent à rien, que la logique est absurde ; cependant il faut bien protester contre la position aussi injuste qu'anormale qui nous est faite.

Pourquoi ces vexations inutiles, ces entraves apportées à la liberté du commerce ? N'aurait-il pas été plus urgent d'abolir cette législation absurde et de nous remettre dans le droit commun ? et n'est-ce pas cela surtout que l'on devrait *désorganiser ?*

Si vous pouvez prouver que la visite de la douane à Marseille est plus juste que celle que vous feriez subir à un voyageur arrivant du Dauphiné en Provence ou de la Bourgogne dans l'Ile-de-France, vous m'accorderez au-moins que vous en pouvez changer le mode en faisant visiter à Alger et plomber les effets des voyageurs qui tiennent à s'affranchir de la visite à Marseille, mais à la condition que le plomb ne sera pas enlevé à Marseille, puis vos effets ouverts et fouillés, ainsi qu'on a le *droit* de le faire. Ce droit est monstrueux, et je me plais à reconnaître qu'on n'en use pas toujours; mais il existe, et nous demandons son abolition.

Ce qui est plus intéressant pour le moment, ce sont les succès remportés dans le désert. L'*Akhbar* annonce en ces termes une nouvelle et précieuse conquête :

« Encore une merveille opérée par la sonde artésienne ! Le 6 de ce mois, l'atelier de forage dirigé par M. le lieutenant Dehaut a obtenu à Sidi-Amran, sur la route de Biskara à Tougourt, une source jaillissante qui fournit 4,000 litres à la minute. Dans sa brochure sur les *puits artésiens des oasis méridionales*, M. Berbrugger cite Sidi-Amran (p. 16). C'est, dit-il, une jolie zaouïa ou village de marabouts qui compte une centaine de maisons ; elle prend son eau dans un de ces étangs artésiens naturels, connus sous le nom de *bahar*, et dont les indigènes prétendent qu'on ne trouve pas le fond. Sidi-Amran est à environ 140 kilomètres au sud de Biskara. »

Le service des cultes aux colonies vient d'être placé, par décret du 19 février, sous l'autorité du prince-ministre. Mais ce qui nous intéresse davantage, c'est que l'hôpital civil de Douera va enfin être desservi par les sœurs de Saint-Vincent de Paul.

L'ancien service des médecins vaccinateurs est supprimé ; après cela que reste-t-il encore à détruire ?

Nous verrons bien !

CHAPITRE XI.

DÉMISSION DU PRINCE NAPOLÉON. — CE QUE NOUS DEMANDONS. — CE QUE L'ON NOUS DONNERA... UN JOUR OU L'AUTRE. — DU GOUVERNEMENT CENTRAL. — CAUSE DE LA PROSPÉRITÉ DES COLONIES ÉTRANGÈRES. — BUDGET DE L'ALGÉRIE.

31 mars 1859.

Je vous disais dernièrement : Que reste-t-il encore à détruire? J'étais loin de me douter qu'au moment où vous me lisiez vous pouviez répondre : Le ministre, et peut-être le ministère! Jusques à quand va durer cet intérim? qu'allons-nous devenir? et la France continuera-t-elle à s'aveugler volontairement à l'endroit de ses plus chers intérêts? On ne peut nous rejeter ès mains du ministre de la guerre, parce que nous croirions qu'on nous avait livrés à la personne du ministre démissionnaire, tandis qu'il est plus convenable de nous laisser supposer qu'on nous avait donné le ministre. On va donc sans doute lui choisir un successeur, parce qu'il faut toujours, dans notre bon pays de France, suivre les voies tracées, et que l'innovation semble dangereuse. Ce nouveau ministre restera à Paris, où il s'entourera de scribes nombreux et assurément inexpérimentés. Peut-être daignera-t-il venir nous visiter, mais son séjour sera de courte durée ; il regagnera Paris et continuera à nous administrer de loin. Puis les choses marcheront comme par le passé, un peu moins mal peut-être, mais pas assez bien assurément pour qu'elles puissent rester longtemps ainsi, et lorsqu'on aura ajouté l'épreuve civile à l'épreuve militaire, alors seulement on nous donnera un *gouvernement central de l'Algérie fonctionnant à Alger.*

Voilà le sort qui nous est réservé, à moins que la pétition adressé à l'empereur, et qui se couvre de signatures, ne nous fasse enfin obtenir ce que nous réclamons depuis si longtemps, — et, on doit le reconnaître, en parfaite connaissance de cause, — c'est-à-dire *un pouvoir supérieur fortement constitué dont le dépositaire réside à Alger.* Vous l'appellerez comme bon vous semblera ce dépositaire du pouvoir, le nom nous est égal ; qu'il soit ministre ou vice-roi, gouverneur-général ou commandant des forces de terre et de mer ; qu'il soit civil ou militaire; tout cela nous importe peu ; mais qu'on renonce à nous administrer à grandes guides, nous ne sommes pas suffisamment dressés pour cela ; que la direction qu'on nous donnera soit forte, intelligente, expéditive surtout ; qu'elle existe au milieu de nous, et alors seulement nous croirons avoir fait un pas vers une solution trop longtemps attendue.

Vous ne vous doutez donc pas, en France, que nous avons 250 lieues de côtes et trois millions d'habitants, ce qui, au triple point de vue politique, commercial et maritime, a plus d'importance que bien des petits Etats européens?

Rien n'est encore homogène dans notre colonie ; c'est pour cela qu'on lui doit un pouvoir centralisateur résidant dans notre capitale, d'où il pourra établir dans la marche des affaires une régularité qui est loin d'exister et imprimer une activité nécessaire à toutes les branches de la production tant agricole qu'industrielle. Hors de là, vous ne nous gouvernerez qu'au point de vue des idées et des théories ; ce qui est le pire des gouvernements, à supposer qu'on puisse l'appeler de ce nom.

Que peut produire un pareil système? Un journal de notre colonie va répondre pour moi et mieux que moi :

« Eh bien ! le prince-ministre, qui n'a pas vu, qui n'a pas visité l'Algérie, s'était entouré de conseillers dont quelques uns, — les mieux écoutés, — ne savaient rien de nos affaires, et dont les autres voulaient se faire passer pour des oracles, parce que, il y a quelque dix ans, soit comme administrateurs d'un jour, soit comme grands concessionnaires, n'ayant jamais exploité, ils avaient inscrit leurs noms dans le *Bulletin officiel des actes de l'Algérie;* noms oubliés depuis longtemps et que l'histoire de la colonisation algérienne n'est pas désireuse de retenir. Personnages dont on se demande : Comment ont-ils pu être choisis, et par quelle intrépidité de bonne opinion ont-ils accepté? Gens qui diraient à notre colonie : O Algérie, nous serions charmés de faire votre connaissance, et auxquels l'Algérie ne manquerait pas de répondre : Et moi, messieurs, la vôtre !

« Qu'est-ce que le prince-ministre pouvait attendre d'un conseil ainsi composé? Il s'est démis de ces éminentes fonctions, à l'avénement desquelles nous l'avions salué sincèrement dans l'intérêt de sa gloire et dans l'intérêt de l'Algérie. Il a abdiqué, pour des raisons purement politiques, croyons-nous, et parfaitement étrangères à notre colonie, une mission où il avait engagé son honneur d'homme et de prince. Homme et prince, il pouvait beaucoup pour le triomphe de notre cause ; mais quoi qu'il fît, quelle que fût sa puissance d'initiative, quel que fût son crédit dans les conseils de l'empereur, quelles que fussent ses libérales intentions, son administration était presque fatalement condamnée comme ses devancières, parce qu'elle avait son siége à Paris au lieu de fonctionner à Alger.

« Supposez le prince Napoléon installé à Alger, muni des pouvoirs nécessaires, s'inspirant de la situation du pays et des suggestions des gens du pays, écoutant la voix des conseils généraux et celle des conseils municipaux, entouré de fonctionnaires qui auraient occupé de hautes positions, confirmant par sa présence parmi nous la stabilité et l'avenir de notre colonie, autorisant toutes les espérances, stimulant toutes les aspirations, décidant sur place toutes les questions locales, et, par son train de maison, par celui des grands fonctionnaires attachés à son gouvernement, encourageant l'agriculture, les arts, l'industrie et le commerce ; supposez tout cela, et concevez quels avantages en résulteraient pour Alger, capitale de l'Algérie, et pour l'Algérie tout entière ! quelles facilités substituées aux obstacles ! quelle autorité puisée dans la force des choses ! quelle popularité !

« Où faut-il chercher la solution de ce problème compliqué qui s'appelle la colonisation de l'Algérie ?

« Nous disons : Cherchez cette solution dans un gouvernement central de l'Algérie fonctionnant à Alger et ressortissant pour les affaires majeures et pour la responsabilité d'ensemble à n'importe quel ministre qui lui-même serait responsable devant le gouvernement du pays. »

Qui l'empêcherait, le gouvernement, d'installer un pouvoir semblable ?

Je vous cite encore l'*Akhbar* :

« Des gens qui n'entendent rien à la question nous citent à tout propos l'exemple des colonies hollandaises, anglaises, etc. Voilà, nous disent-ils avec emphase, des colonies qui attirent émigrants et capitaux ; voilà des colonies qui prospèrent.

« La véritable raison de cette prospérité, n'en doutons pas, c'est que ces colonies sont gouvernées et administrées sur place, c'est qu'elles ont des gouverneurs munis de pleins pouvoirs, c'est qu'elles ont un budget dont elles disposent librement pour leurs besoins, c'est que leurs affaires sont centralisées dans leur capitale et non pas dans un ministère métropolitain, à quelques centaines ou quelques milliers de lieues de distance. Si jeune que puisse être une colonie anglaise, le gouvernement anglais se hâte toujours de l'émanciper, sous la tutelle plus ou moins restrictive d'un gouverneur, et de la doter d'institutions locales. Chacune de ces colonies a son budget qu'elle vote et emploie à son gré, en pleine liberté, en pleine connaissance de cause; chacune demeure chargée de la conduite et de la gestion de ses propres affaires.

« Pourquoi l'Algérie ne serait-elle pas émancipée à cet exemple? Pourquoi n'aurait-elle pas son budget colonial? Pourquoi ne serait-elle pas appelée à en régler l'emploi?

« Etrange situation que la nôtre! La France nous reproche les dépenses que lui occasionne l'entretien sur le pied de guerre d'une nombreuse armée en Algérie. Sur le pied de guerre! voilà toute la différence.

« Otez les frais de cette armée d'occupation qui contribue tant au prestige et à la grandeur de la France, l'Algérie couvre et au-delà ses propres dépenses par ses revenus. Elle a déjà un excédant de recettes qui s'élève à quatre ou cinq millions. Elle a le produit de la vente de ses terres qui doit s'augmenter d'année en année. Seulement, il ne faudrait pas, comme cela vient d'avoir lieu, concéder ces terres par lots de six cents hectares : mesure profondément regrettable qui n'a point passé inaperçue.

« Où va aujourd'hui cet excédant de recettes de la colonie ? Tout s'engouffre dans les caisses du trésor de l'Etat, et nous manquons d'argent pour nos routes, pour nos ports de commerce ! »

Pour l'exercice de 1860, l'*Akhbar* se trompe d'un demi-million environ. Il est bon de le faire remarquer à ceux de nos compatriotes de France qui n'entendent jamais parler de l'Algérie sans ajouter immédiatement, avec un petit ton doctoral fort comique, cette vieille phrase inventée sous le gouvernement de Juillet : Cette colonie nous coûte chaque année cent millions et cent mille hommes !

Le projet de budget présenté au Corps législatif porte les dépenses pour le service de l'Algérie, en 1860, à 19,939,368 fr., y compris 542,650 fr. pour le service central du ministère. Reprenons de plus haut les recettes pour en mieux faire remarquer la constante progression ; d'après le *Moniteur de la Colonisation*, elles s'élevaient :

En 1852 à 12,268,000
1853 12,740,000
1854 14,835,000
1855 15,875,000
1856 17,100,000
1857 18,970,000
1858 20,100,000
1859 20,950,000
1860 23,708,000

Remarquons qu'à partir de 1859 un dixième de l'impôt arabe, soit environ 1,666,000 fr., a été reporté du budget de l'Etat à ceux des provinces, en sorte que, par comparaison avec les chiffres qui précèdent, 1860 donnerait sans ce virement 25,374,000 fr., c'est-à-dire que depuis huit ans les recettes de l'Algérie ont plus que doublé.

Si les recettes de 1860 doivent être portées à 25,374,000 francs, nous avons donc raison de dire que l'*Akhbar* est loin d'exagérer en parlant d'un excédant de 4 ou 5 millions alors qu'il est réellement de 5,434,632 fr., puisque nos dépenses ne s'élèvent qu'à 19,939,368 fr.

On voit quelles espérances il est permis de conserver sous ce rapport, du jour où une vive impulsion sera donnée au développement des ressources de la colonie, presque toutes encore à l'état vierge.

Ajoutons à ces impôts payés à l'Etat ceux qui alimentent sous diverses formes les budgets provinciaux et communaux, et faisons remarquer que, joints à ceux que perçoit l'Etat, ils portent à plus de quarante millions les sommes payées par les contribuables de l'Algérie. On voit qu'en matière d'impôt la colonie est loin de jouir, comme on le croit généralement, d'immunités à peu près complètes.

Mais c'est assez parler d'un besoin qui sera compris, nous n'en voulons pas douter, par le successeur du prince-ministre, s'il veut venir voir et juger par lui-même. Nous allons attendre encore, et puisse le courrier de France ou le télégraphe nous apporter bientôt quelque bonne nouvelle !

Ce changement de ministre nous a reportés bien loin de la *solidarité des tribus* dont je voulais vous entretenir aujourd'hui. C'est encore une question qui serait jugée immédiatement par tout homme pratique connaissant le pays, et qui n'aurait pas été l'objet d'un changement aussi fâcheux si on avait consulté moins l'idée théorique que la nécessité. Vous verrez qu'un des premiers actes du nouveau pouvoir sera de reconstituer cette forte digue à l'abri de laquelle on pouvait parcourir toute la colonie sans la moindre inquiétude. Ce sera, je l'espère, pour un prochain numéro, comme vous dites en style de feuilleton.

CHAPITRE XII.

DE L'ARMÉE D'AFRIQUE. — TÉLÉGRAPHE ÉLECTRIQUE. — DES PASSAGES GRATUITS AUX COLONS. — RÉTABLISSEMENT DE LA SOLIDARITÉ DES TRIBUS. — RÉINTERDICTION DES TRANSACTIONS IMMOBILIÈRES ENTRE EUROPÉENS ET ARABES EN TERRITOIRE MILITAIRE. — BASSIN DE RADOUL, DANS LE PORT D'ALGER. — L'ALGÉRIE VEUT ÊTRE CONNUE.

18 juin 1859.

Je ne cherche pas aujourd'hui à excuser mon silence de deux mois; lorsque le canon parle, les colons se taisent... et bien d'autres les imitent; lorsque le sang français va couler, la défense des intérêts matériels d'un pays vient après les bulletins de la victoire. Maintenant que voici la lutte engagée, nous pouvons reprendre nos correspondances, et avant de vous envoyer le *sommaire* des événements qui se sont passés depuis ma dernière lettre, laissez-moi vous demander s'il vous souvient encore de ce que je vous écrivais naguère au sujet de notre valeureuse armée d'Afrique. Nos financiers se plaignaient des frais causés par l'occupation armée de l'Algérie; je répondais: C'est une pépinière de braves, une école pratique de valeur, et vous marchandez votre or!

Oui, voilà comment l'armée d'Afrique sert à la métropole plus qu'à la colonie. Sur huit pièces de canon enlevées à l'ennemi par une division piémontaise au milieu de laquelle se trouvait un seul régiment de zouaves, nos braves en ont eu six pour leur part! Qu'on ne nous parle plus des dépenses faites en Algérie; aujourd'hui nous sommes presque seuls, et nous nous suffisons encore à nous-mêmes...

Les événements actuels nous forcent à revenir sur une question bien grave, celle d'un service télégraphique *direct* entre la France et l'Algérie. Supposez qu'un jour nos bons alliés les Piémontais ne nous voient pas d'un aussi bon œil, — je ne dis pas: Supposez qu'ils nous déclarent la guerre! — Mais enfin notre fil électrique est à leur merci ou à celle des ennemis qui envahiraient leur territoire. Dès lors plus de communications entre la France et l'Algérie. Depuis longtemps nous réclamons le câble direct; le gouvernement s'en préoccupe; plusieurs compagnies françaises et étrangères ont adressé au ministère des propositions à ce sujet; l'administration centrale des lignes télégraphiques en est saisie ; les préfets ont été consultés, et tout fait espérer une solution prochaine.

Nous espérons que notre nouveau ministre saura concilier les intérêts du trésor avec ceux de la colonie, et tâchera d'aplanir aux colons et aussi à ceux qui désirent le devenir le chemin qui conduit en Algérie.

Aujourd'hui il est difficilement accordé des passages gratuits, et même on a redoublé de rigueur pour la délivrance des permis à bord des navires de l'Etat faisant le service de la côte. Ces voyages ne coûtent absolument rien à l'Etat, puisque les courriers doivent se faire et que l'administration ne supporte aucun déboursé. Réprimer les abus, rien de mieux ; ne pas accorder des passages de retour à ceux qui sont venus volontairement, et qui, pour un motif ou un autre, veulent rentrer en France, fort bien. Mais se montrer trop difficile pour accorder au moins le passage à ceux qui le demandent et qui prouvent qu'ils trouveront un emploi en arrivant en Algérie, là serait le véritable abus.

Je ne cesserai, pour ma part, de demander des facilités pour tous les ouvriers honnêtes qui veulent aller tenter une fortune plus rapide là où seulement elle peut être faite aujourd'hui, et puisque le transport des colons coûte si cher à l'Etat, que n'emploie-t-il à ce service, en temps ordinaire, un de ces nombreux vaisseaux qui évoluent dans la Méditerranée ? Ce bâtiment partirait de Toulon ou plutôt de Marseille à époque fixe, et les préfets accorderaient les plus grandes facilités *ainsi que des secours de route* à ces soldats de la pioche et de l'industrie qui leur seraient adressés à eux-mêmes par les maires des 47,000 communes de France. Voilà qui serait de l'économie bien entendue, en dépit des financiers dont je vous parlais en commençant.

Permettez à mon petit amour-propre de se citer lui-même ; je vous écrivais à la fin de mars : « C'est encore une question (celle de la solidarité des tribus) qui serait jugée immédiatement par tout homme pratique connaissant le pays... *Vous verrez qu'un des premiers actes du pouvoir nouveau sera de reconstituer cette forte digue* à l'abri de laquelle on pouvait parcourir toute la colonie sans la moindre inquiétude. »

Que s'est-il passé depuis lors? L'*Akhbar* va nous le dire dans son numéro du 6 mai:

« Les vols deviennent, dans l'intérieur, de plus en plus fréquents, de plus en plus audacieux. Il n'est plus permis aux colons de conserver une seule tête de bétail, et ce qu'il y a surtout de regrettable, c'est que l'impunité est presque toujours acquise à ces hardis voleurs qui ne sont autres que des maraudeurs arabes. Nous le disons hautement, ces délits, même en territoire civil, sont la conséquence inévitable du retrait déplorable de la responsabilité collective des tribus... »

Voilà donc ce qui se passait ou plutôt ce qui s'était passé depuis la fameuse *circulaire* du 24 novembre dernier, qui produisit au milieu de nous un peu de l'effet de certaine autre mesure du même nom, laquelle date de 1848, et portait, si je me trompe, le n° 3 avec la signature d'un grand réformateur. Le 10 mai, M. le comte de Chasseloup-Laubat, appelé par dépêche télégraphique auprès de l'empereur qu'il allait rejoindre à Gênes, s'embarquait à bord du *Tanger* avant d'avoir terminé sa visite dans la colonie. Mais enfin il était venu et il avait vu, car le 8 mai il adressait ce que j'appellerai une contre-circulaire ministérielle aux généraux commandant les divisions.

Je ne puis la transcrire en entier, mais il vous suffira de savoir qu'elle est en opposition complète, quant au fond, avec celle qui nous a valu les détails

5

que vous avez lus plus haut ; de sorte que la solidarité des tribus se trouve rétablie *lorsque le châtiment individuel est tout à fait impossible.* Or, ce cas se présente toujours !

Le 3 mai, le ministre adressait un rapport à l'empereur pour le prier de suspendre aussi l'exécution du décret du 16 février précédent, qui autorisait les transactions immobilières entre Européens et indigènes en territoire militaire.

Nos théoriciens (que Dieu garde... loin de nous !) avaient jugé dans leur sagesse que la liberté étant un fruit mûr pour tout le monde, rien ne pouvait empêcher un Arabe de vendre sa propriété à un Européen, et vraiment cela semble assez naturel au premier abord ; mais voici les termes mêmes du rapport à l'empereur :

« On verra, nous devons le craindre, se reproduire, sur une plus vaste échelle encore, les difficultés qu'on a rencontrées dans la reconnaissance des propriétés de la plaine de la Mitidja et qui ont laissé tant de fâcheux souvenirs.

« Il importe aussi bien aux acquéreurs qu'au domaine de l'Etat de ne pas laisser se reproduire, sans l'examen le plus approfondi, des titres qui sont loin de présenter les caractères d'authenticité désirables. »

Qu'est-ce à dire? Ici les praticiens vous répondront : Les Arabes, peu délicats, vendent à deux ou trois personnes la même propriété, puis disparaissent, et allez les chercher.

Vos titres vous restent, c'est possible, mais non la terre, car souvent il est arrivé que la partie vendue appartenait à l'Etat. Maintenant reconnaissez-vous, si vous le pouvez, dans tout cela. Voilà cependant la belle liberté que nous avait accordée le décret du 16 février 1859.

Le retrait de ces deux mesures, on le comprend, est de la plus haute portée, moralement et financièrement.

M. de Chasseloup-Laubat a encore approuvé, avant son départ, le projet de construction d'un bassin de radoub dans le port d'Alger; il a porté une attention toute particulière sur les projets de la rue du Rempart, qui serait appelée le boulevart de l'Impératrice, et a approuvé les travaux d'éclairage de nos quais, dont la vaste étendue, plongée dans l'obscurité, a été témoin de trop d'accidents.

Terminons aujourd'hui par un mot de notre ministre répondant à M. le maire d'Alger dans un banquet offert par les corps constitués dans le foyer du théâtre : « Oh ! oui, messieurs, elle est bien française cette Algérie qui n'a plus qu'une chose à demander à notre chère patrie : d'être connue !... »

Cette même idée vraie semblait poursuivre M. de Chasseloup-Laubat, qui disait encore au maire de Douera, lors de son passage dans ce centre important du Sahel: « J'ai remarqué dans ma tournée les grands progrès et les nombreuses améliorations dues à la persévérance et au courage des colons ; l'Algérie n'est pas assez connue, elle gagne beaucoup à être visitée... »

Depuis combien de temps m'entendez-vous répéter la même chose, c'est-à-dire que nous demandons à être connus ?

CHAPITRE XIII.

DES ORPHELINATS.

5 août 1859.

Le cliquetis des armes, la grande voix du canon à laquelle répondaient nos cris de victoire, tous ces bruits de la guerre m'ont empêché de vous entretenir plus tôt d'une question capitale pour la colonie.

Je veux examiner, aujourd'hui que l'atmosphère politique semble momentanément rassérénée, une pétition sur laquelle M. Ferdinand Barrot a fait un remarquable rapport au Sénat (séance du 18 mai) au nom de la première commission.

Le R. P. Brumauld, qui en d'autres temps eût eu le grand tort d'être jésuite, est le directeur de deux des trois orphelinats de l'Algérie, Ben-Aknoun et Bouffarick, en vertu d'un traité passé entre lui et l'administration le 17 septembre 1853.

En 1856 déjà, sur une demande du P. Brumaud et à la suite d'un excellent rapport du comte Siméon, le Sénat avait adopté par un vote presque unanime un projet dont les points principaux étaient de « lier désormais à l'avenir de l'Algérie le sort misérable et précaire d'un certain nombre d'enfants abandonnés, procurer le bénéfice de leur travail à l'agriculture africaine, stationnaire faute de bras, et créer en retour pour ces enfants des ressources et un état social qui leur ont manqué jusqu'ici. »

C'est exactement ce que demande encore aujourd'hui le pétitionnaire, puisque le vote du Sénat n'a pas même été pris en considération. M. F. Barrot nous le dit en ces termes :

« Le Sénat ne pouvait pas recommander un acte plus sérieux, plus humain et d'une meilleure administration. Cependant, depuis trois ans, rien n'a été tenté dans les voies que vous aviez signalées. Il y a lieu de regretter profondément qu'on laisse ainsi dans l'oubli les avis si sagement délibérés d'une assemblée où sont réunis tant d'esprits éminents et tant de vieilles expériences. »

Voilà ce que l'on fait pour l'Algérie, ou plutôt ce que l'on n'a pas fait jusqu'à ce jour. Nous allons attendre à l'œuvre notre nouvelle administration, et nous espérons qu'elle prendra en considération la pétition qui lui a été envoyée, fortifiée d'un vote nouveau, pareil à celui qu'elle avait déjà obtenu en 1856.

Le P. Brumaud, homme pratique et compétent dans toutes les questions qui touchent à la colonisation agricole, la seule possible, s'étend sur la pénurie des bras et la cherté de la main-d'œuvre, rappelle le vote de 1856, d'après lequel il s'agissait de transférer progressivement en Algérie la jeunesse malheureuse mais valide de la France, recueillie dans les hospices et sur le pavé de nos grandes villes. On devait la préparer d'abord à la colonisation, puis la distribuer dans la colonie avec les précautions convenables ; car, le pétitionnaire le remarque fort justement, ce sont avant tout des bras disponibles, nombreux, capables et à bon marché qu'il faut absolument.

Le P. Brumaud demande en terminant que les maisons fondées par lui ne soient pas abandonnées juste au moment où l'expérience de quinze ans de travaux pénibles démontre leur excellence pratique, et ces maisons sont sur le point de périr faute d'élèves. Une bonne partie de ceux qu'elles ont encore devraient être déjà placés chez les colons.

Il espère que la conservation de ses deux établissements et leur perfectionnement ne demanderaient qu'un mouvement de douze ou quinze cents enfants.

Il ajoute en terminant, et ceci n'est pas le point le moins intéressant, que les derniers progrès de leur installation permettraient de faire *dès aujourd'hui*, à Ben-Aknoun et à Bouffarick, une notable réduction sur la pension que le Sénat jugeait convenable en 1856.

Examinons donc maintenant : 1° quel est le chiffre demandé ; 2° si les enfants peuvent être avantageusement envoyés dans ces établissements. Nous nous abstiendrons d'ailleurs de demander pourquoi une pétition a été nécessaire en 1859 pour rappeler un vote du Sénat en 1856.

Aux termes du traité du 17 septembre 1851, l'administration paie 90 c. pour chaque enfant de six à dix ans, 80 c. pour ceux de dix à quinze, et 50 c. seulement de quinze à dix-huit ans.

En France, où l'on aime mieux châtier que prévenir, l'Etat a établi quatre colonies pénitentiaires près des maisons centrales de force et de correction ;

il a à sa disposition les bâtiments et le personnel administratif de ces grands établissements de répression, et n'a, par conséquent, aucuns frais généraux à supporter ; aussi a-t-il pu entretenir ses élèves au prix moyen de 76 c. par jour. Mais dans la colonie de Mettray, fondée par des particuliers sous les auspices du gouvernement, chaque élève coûtait au début 2 fr. 30 c. par jour, et le prix moyen des colonies agricoles privées a été de 1 fr. 71 c. par jour et par enfant.

La *notable réduction* du prix maximum de 90 c. proposée par le P. Brumaud, pourvu qu'on lui fournisse un certain nombre d'enfants, est d'autant plus appréciable qu'il faut bien remarquer que les jeunes détenus peuvent déjà, par leur travail, indemniser des dépenses qu'ils occasionnent, tandis que beaucoup d'orphelins sont encore trop jeunes pour être appliqués à un travail utile.

Remarquons encore que le prix maximum de 90 c. notablement réduit ne doit pas être comparé avec le prix moyen de 76 c. payé par l'État, mais bien avec celui de 1 fr. 71 c. qui est le prix des établissements privés. Le membre de notre conseil général qui, dans la session de décembre, trouvait onéreux les traités passés entre l'administration et la direction des orphelinats, était donc bien évidemment dans son tort lorsqu'il prétendait que ces traités s'opposaient à une réduction du prix, qui, en France, est, disait-il, en moyenne, de 50 c. par jour et par enfant.

M. le préfet lui répondit « que les directeurs des orphelinats de Ben-Aknoun et de Bouffarick sont généralement les premiers à proposer à l'administration des réductions dans les prix de pension toutes les fois qu'ils en trouvent la possibilité. En ce moment même, les fondateurs de ces deux maisons de bienfaisance étudient une révision des traités qui, par suite du développement des cultures entreprises à l'aide des enfants, seront avantageusement modifiés, si, de son côté, le gouvernement, par un concert entre les ministères de l'Algérie et des colonies et de l'intérieur, peut assurer un effectif minimum dont le chiffre reste à déterminer. »

Examinons maintenant si le gouvernement peut fournir ces enfants. M. F. Barrot nous l'affirme dans son rapport, et nous lui empruntons la déplorable statistique suivante :

« Le nombre des enfants trouvés ou abandonnés est annuellement, en France, de 25,000 environ ; 3,000 en moyenne sont repris par leurs familles ;

les 22,000 restants sont réduits, après douze ans, par l'effet de la mortalité, à 6,000. Sur ce nombre, 3,000 sont gardés par leurs familles nourricières ou placés en apprentissage dans les campagnes. Ce sont les heureux parmi les pauvres délaissés, car presque tous deviennent de bons et honnêtes ouvriers.

« Sur les 3,000 autres enfants, 1,000 environ sont retenus dans les hospices par leurs infirmités ; le reste est rejeté dans les villes et livré aux inévitables périls de la vie d'atelier. Lorsque les statistiques nous révèlent que 10 pour 100 des enfants trouvés passent par les bagnes ou les maisons centrales, il n'est que trop certain que c'est dans cette dernière catégorie que se recrute presque tout entier ce déplorable contingent.

« Détourner dans un milieu plus sain ces prédestinés de la misère et de la honte, ne serait-ce pas, au point de vue de l'humanité, de la morale et du bon ordre, un inappréciable bienfait ? Eh bien ! c'est sur ce résidu misérable de la population la plus digne de pitié qu'il s'agirait d'établir un courant de 1,000 à 1,200 colons dont se préoccupaient les honorables auteurs de la proposition de 1856. »

Si vous voulez savoir ce que deviennent les enfants trouvés, lisez le rapport de M. le président du Sénat, saisi il y a deux ans à peine par l'empereur de cette grave question. M. Troplong citait M. de Vatteville, inspecteur général des établissements de bienfaisance :

« On ignore ce que deviennent les trois quarts des enfants trouvés une fois qu'ils ont atteint leur treizième année, c'est-à-dire au moment où les départements cessent de payer la faible rétribution allouée aux patrons qui les ont élevés jusqu'à cet âge. Ce que l'on sait, c'est que le nombre des enfants trouvés est de 15 pour 100 dans les bagnes et de 13 pour 100 dans les maisons centrales ; que la grande majorité des filles trouvées se livrent à la prostitution ; que dans soixante villes situées sur des points très-divers du territoire le nombre des filles trouvées placées dans des maisons de tolérance est toujours égal au cinquième du chiffre des malheureuses qui composent ce triste personnel. »

De pareils aveux, ajoutaient M. Troplong, n'ont pas besoin de commentaires.

Je crois avoir suffisamment démontré que les enfants peuvent être aisément trouvés et qu'il y a économie à les envoyer aux orphelinats qui les réclament. Voilà donc l'intérêt de la métropole clairement établi. Pour la colonie, son intérêt à elle est de voir arriver dans ce que nous appellerons ses *écoles primaires agricoles* cette jeunesse que M. de Vatteville nous montre absorbée dès l'âge de treize ans par la vie qui conduit au bagne. A douze ans, à dix ans même, elle réclame, par l'organe du pétitionnaire, ces malheureux, pour en faire d'honnêtes colons, et jusqu'à leur majorité, le gouvernement, qui en dispose comme de son armée, peut les diriger sur les orphelinats, où leur séjour ne serait considéré que comme un temps d'acclimatation pendant lequel ils se plieraient aux habitudes spéciales de travail que comporte le pays.

Evidemment l'intérêt du pétitionnaire serait de conserver ces enfants jusqu'à leur majorité, puisque de quinze à vingt ans leur travail serait plus rémunérateur que pendant la période de douze à quinze ans ; mais M. Brumaud est le premier à demander qu'on fasse entrer les enfants le plus tôt possible dans les familles des colons. « Car, dit-il, dès l'âge de quinze à seize ans, les garçons pourraient se trouver prêts à concourir utilement aux travaux des colons, et leur concours pourrait être tarifé administrativement, dans leur intérêt comme dans l'intérêt de leurs patrons, jusqu'à leur majorité. »

D'autres économistes ont proposé, il est vrai,

de supprimer la préparation, comme trop dispendieuse, voire même comme inutile, et de distribuer immédiatement aux colons les enfants devenus orphelins dans la colonie ou recrutés en France.

Ces économistes ignorent sans doute que leur idée fut mise à l'essai à Alger en 1844, et qu'après quelque temps l'expérience y fit renoncer en faveur des maisons préparatoires, ou plutôt en faveur des pauvres enfants et des colons, la préparation devant être aussi profitable aux uns qu'aux autres.

A ces économistes je pourrais rappeler, en précisant quelques faits, que bon nombre d'enfants furent placés directement, sous le patronage de M. Mercier-Lacombe, alors secrétaire général de la direction de l'intérieur. Lors de l'inspection, sept d'entre eux furent trouvés dans un état si déplorable chez le garde de Birmandreïs, — vous voyez que je précise, — qu'on fut obligé de les enlever, et qu'on les envoya à Ben-Aknoun, où l'on peut encore en voir un ou deux. Deux autres enfants furent placés à El-Achour, chez un voleur; ces enfants s'enfuirent et vinrent se réfugier d'eux-mêmes à Ben-Aknoun. Après plusieurs faits de ce genre, l'administration a renoncé à tout placement direct; mais elle n'a pas favorisé davantage les établissements qu'elle avait en quelque sorte sous la main. M. Barrot le constate en disant : « Les orphelinats ont reçu peu d'enfants venus de France; presque toute leur population est recueillie en Algérie même. »

Si maintenant on objecte qu'il ne suffit pas d'avoir des enfants, mais qu'il faut encore les placer, je répondrai à cela que les colons prouvent le besoin qu'ils ont de ces auxiliaires en cachant soigneusement ceux de ces jeunes orphelins qui, saisis par la fièvre de l'indépendance, quittent leurs établissements pour aller gagner un modique salaire au-dehors. Comme, en vertu du traité dont nous avons déjà parlé, l'enfant ne peut être admis ou ne peut sortir de l'orphelinat que sur la remise d'un ordre d'entrée ou de sortie délivré par l'autorité administrative, les gendarmes sont envoyés à la poursuite des déserteurs et peuvent dire si les colons s'efforcent de dérouter leurs recherches.

C'est justement à quinze ans que le pétitionnaire voudrait avoir la faculté de placer ses enfants; mais pour cela il faut qu'on lui en envoie d'autres et qu'on le mette ainsi à même de poursuivre sa pieuse entreprise.

Résumons-nous maintenant. La pétition de 1856,

renvoyée par le Sénat au ministre de la guerre et au ministre de l'intérieur, n'a été suivie d'aucun résultat. Bien loin de là, les orphelinats se sont dépeuplés chaque année, et le renouvellement de la même pétition en 1859 est un cri d'alarme jeté par les fondateurs de ces utiles établissements qui nous disent : Nous sommes toujours animés du même zèle, mais les aliments nous manquent, et nous vous demandons pour vivre, nous, pour le bien de la colonie surtout, ce qui vous tue, vous métropole. Le rebut de votre société, la matière inflammable qui vous dévorera un jour ou l'autre, nous pouvons l'utiliser, nous pouvons la changer en un élément productif; nous l'avons prouvé déjà, tout le monde le reconnaît, et cependant vous aimez mieux conserver au milieu de vous le volcan qui brûle que de nous envoyer la cendre qui fertilise.

Voilà au moins ce que pourrait et devrait dire le modeste pétitionnaire; mais, colon nous-même, sûr d'être l'interprète des hommes sans préjugés et des propriétaires sérieux, il est de notre intérêt autant que de notre devoir d'élever à notre tour la voix et de réclamer par celle de la presse.

Nous dirons au ministre éminent qui nous a déjà donné tant de gages de son intelligente activité et de sa connaissance pratique de nos affaires si longtemps négligées, nous lui dirons : Prouvez par des chiffres au ministre de l'intérieur qu'il a avantage à nous livrer cette dangereuse population que nous réclamons pour en faire d'honnêtes et braves travailleurs ; rappelez au besoin ces nobles paroles du comte Siméon en 1856 : « Il s'agit ici, pour obtenir un grand résultat, de ne pas reculer devant les dépenses forcées qui rapporteront un jour en sécurité pour la société bien plus qu'elles n'auront coûté. »

Quand ces légions, transformées dans les orphelinats qui sont prêts à les recevoir, quitteront le saint asile où on aura fait des colons avec des prétendants aux bagnes, donnez-nous ces mêmes enfants à un prix fixé par vous gouvernement, prix avec lequel vous pourrez en partie couvrir les dépenses relativement minimes que vous aurez faites et en partie former une réserve qui assurera l'avenir des jeunes travailleurs. Nous utiliserons avantageusement ces colons acclimatés, qui ne nous apporteront, en entrant chez nous, ni théories fausses ni ambition démesurée ; non seulement nous les accueillerons, mais nous nous les disputerons, parce que leur prix de main-d'œuvre sera moins élevé et leur travail plus rémunérateur que celui d'un vagabond qui croit trouver du pain sur la planche en arrivant chez nous, et n'avoir ni à semer du blé ni à le recueillir. Nous voyons cela chaque jour, et c'est pour cela que nous disons : Monsieur le ministre, peuplez nos orphelinats, élevez-en d'autres, faites ainsi des Algériens. Si l'avenir de la colonie n'est pas là tout entier, ne vous dissimulez pas que c'est une des meilleures manières de l'assurer.

Nous savons que des objections nombreuses seront faites, mais la vérité triomphe toujours, et M. le comte de Chasseloup-Laubat est homme à la discerner. Il saura vaincre les préjugés de l'ancienne administration et peut-être la sourde opposition de quelques personnes qui ne devraient pas en faire, ne fût-ce que par ce que l'on est convenu d'appeler l'esprit de parti. Et que nous fait donc à nous que le bien soit fait par des prêtres ou par des laïques ? Toute question se résout avec des chiffres. De meilleurs cultivateurs payés moins cher. Pour la France, 1,000 à 1,200 enfants de moins par an, depuis vingt ans, ce serait vingt mille colons de plus en Algérie.

J'ai parlé d'*opposition sourde :* que ceux qui se reconnaîtront à ce signe veuillent bien s'informer à des sources pratiques, et peut-être leur zèle du bien et les renseignements qu'ils pourront obtenir leur feront-ils apprécier tout autrement l'œuvre pour laquelle nous avons pris aujourd'hui la plume.

S'ils persistaient dans leurs appréciations premières, nous aurions le regret de les combattre sur ce point ; car nous persisterons, nous aussi, à demander que l'œuvre marche et prenne de l'accroissement, parce que nous la considérons comme la plus essentielle à l'avenir agricole de l'Algérie, jusqu'à ce qu'on nous ait proposé quelque chose qui réponde autant et aussi complètement à nos besoins actuels.

CHAPITRE XIV.

ON OUBLIE ENCORE L'ANNIVERSAIRE DU DÉBARQUEMENT DE SIDI-FERRUCH. — ON DEMANDE UN JURY D'EXPROPRIATION. — LES TABACS.

25 septembre 1859.

J'ai près de deux mois à parcourir aujourd'hui, mais ne vous effrayez pas outre mesure ; nous les aurons rapidement passés en revue, car rien, dans cet espace de temps, ne mérite une mention particulière. Rien ! Triste parole à laquelle depuis si longtemps nous devons revenir, mais qui ne sera probablement pas le texte de ma première correspondance, si on exécute les ordres récents de notre ministre.

Sans plus de préambule, arrivons aux faits.

Il en coûte à mon amour-propre de Français et de colon de commencer par un blâme ; mais comment ne pas vous dire l'impardonnable oubli qui a signalé l'anniversaire du débarquement de nos troupes sur cette terre, française depuis vingt-neuf ans ! Chaque année, cette date mémorable était célébrée avec une pompe toute militaire non seulement à Alger, mais à Sidi-Ferruch même.

En 1859, par une exception qu'il m'est difficile de qualifier, les saluts de notre artillerie n'ont point réveillé les échos de l'ancien repaire des pirates. Ce ne peut être un oubli administratif, mais comment expliquer ce fait ?

Nous savons que la reconnaissance est un fardeau que peu de personnes sont aptes à supporter ; mais la mémoire du bienfait se dissipe-t-elle aussi vite sur cette terre de France ? et puisque nous en sommes à cette date à jamais glorieuse, comprendrez-vous que nous ayons à Alger une statue du duc d'Orléans et nulle part en Algérie un souvenir du maréchal de Bourmont ? Qu'importe à la France que le drapeau blanc ait été planté sur sa conquête, puisqu'en définitive elle l'a conservée, ce qu'elle ne peut pas dire de tant d'autres plus chèrement payées ? La statue de Henri IV et celle de Louis le Grand empêchent-elles le gouvernement de dormir ? et pourquoi ne donnerait-il pas au monde un grand exemple de justice en reconnaissant et honorant toutes les gloires de la patrie ? Nous nous y prendrons à l'avance, l'année prochaine, pour lui rappeler certaines dates qu'il n'avait pas oubliées jusqu'à ce jour.

D'importants travaux ont été prescrits par le ministre : irrigations, desséchements, viabilité ; tout ce que nous demandons depuis si longtemps ! Et que l'on dise ensuite que nous avions tort de réclamer la visite ou mieux l'œil du maître, tant nous étions sûrs que l'homme intelligent qui a l'Algérie dans son département saurait voir et faire exécuter tout ce qui nous manque et que l'on ne peut nous refuser sans injustice !

Vous avez publié, d'après le *Moniteur*, la dépêche adressée à notre préfet, annonçant la reprise des travaux du chemin de fer. Il s'agit d'un crédit de 600,000 fr. Nous verrons quel usage l'administration fera de ces nouvelles ressources, et si elle se décidera à régler enfin les indemnités pour des expropriations faites à la turque. Il est fâcheux pour l'ingénieur que ces calculs aient été complètement faux, je veux bien en convenir ; mais parce qu'il lui a plu d'estimer à une somme ridicule des terrains dont la valeur réelle est beaucoup plus considérable, s'ensuit-il nécessairement que, pour que ces calculs primitifs soient justes, l'administration ait le droit de dépouiller les colons ? C'est cependant ce qui a lieu aujourd'hui.

Plaider sur une expropriation pour cause d'utilité publique est honteux, mais il est monstrueux de plaider sur une expertise.

Les propriétaires dépouillés contre leur gré doivent être largement indemnisés, et c'est dans ces questions surtout qu'ils regrettent l'absence d'un *jury d'expropriation*.

Les éléments ne manquent pas pour le composer, et ses *décisions souveraines* éviteraient le scandale trop fréquent de ces plaidoiries entre le pot de fer et le pot de terre, dans lesquelles on voit un propriétaire se plaignant, non sans raison, d'avoir été brutalement dépouillé de son bien, auquel on assigne ensuite une valeur illusoire.

Parfois le tribunal se déclare incompétent, et il faut alors en appeler au conseil de préfecture, juge et partie dans l'affaire, puisqu'il demande l'avis de l'ingénieur contre les estimations duquel on s'élève.

Je traiterai quelque jour à fond toute cette singulière affaire, et vous serez surpris, comme tous les nouveaux débarqués, du mauvais vouloir que l'administration civile apporte dans ses relations avec les colons, qui cependant sont toute sa raison d'être ; là, plus que jamais, les employés supérieurs devraient souvent répéter à leurs subordonnés : « Surtout pas trop de zèle. »

De son côté, et probablement pour les mêmes motifs, l'administration des tabacs veut chercher noise aux colons. Craignant d'en avoir trop, elle ne veut acheter que les premières et secondes qualités. On refuse les feuilles basses, et on paiera bien mal, si on les accepte, les secondes récoltes.

Les planteurs, vous le voyez, sont dans des conditions désastreuses, et s'ils sont forcés de vendre aux juifs, c'est une perte de 50 % qu'ils réaliseront. Or, la culture du tabac étant la seule qui permette de défricher avantageusement les terrains, il s'ensuivra nécessairement qu'étant soumis au caprice de messieurs du tabac, le colon limitera ses cultures ; le capitaliste, ne trouvant, en fait de bénéfices, que des désagréments, retirera ses capitaux pour les rendre à l'industrie française ; et c'est ainsi que la colonie continuera à végéter dans l'ornière des vieux préjugés, pour verser honteusement sur la grande route de l'impuissance.

Nous en appelons encore au gouvernement, non pour nous aider, mais pour nous défendre contre lui-même ; c'est la seule chose que nous lui demandions et qu'il ne semble pas pressé de nous accorder.

CHAPITRE XV.

PROMULGATION DES LOIS SUR LES IRRIGATIONS, SUR LE DRAINAGE ET SUR L'EXPROPRIATION POUR CAUSE D'UTILITÉ PUBLIQUE. — DU MANQUE DE BRAS EN ALGÉRIE. — LA COLONIE NE COUTE RIEN A LA FRANCE. — POSE DE LA PREMIÈRE PIERRE DE LA GARE DE BLIDAH.

24 décembre 1859.

Je suis heureux de parler d'une promulgation récente, due sans doute aux nombreuses et légitimes réclamations qu'a soulevées de toute part l'ouverture du chemin de fer. Je vous ai trop souvent entretenu de la manière par trop expéditive avec laquelle on procédait en pareille occurrence : ai-je apporté mon grain de sable pour la défense commune ? Je n'ose l'espérer, mais je constate que nous jouissons, depuis le mois de septembre, de la loi qui régit les expropriations pour cause d'utilité publique. « Il y a loin de la coupe aux lèvres, » dit-on ; mais, jusqu'à preuve du contraire, espérons que les scandales passés ne se renouvelleront pas, et que désormais nous pourrons dire, nous aussi, qu'il y a des juges à... Alger !

Pendant mon long silence, nous avons changé de préfet, et nos conseils généraux se sont réunis. Celui d'Alger s'est occupé de la question du manque de bras nécessaires à l'agriculture, et a émis le vœu qu'une plus grande extension fût donnée à l'émigration d'ouvriers pour l'Algérie.

Depuis combien de temps ne vous parlé-je pas de la solution de ce problème? Mais outre des vœux, toujours stériles ici, le conseil général a fait plus ; il prie notre ministre de faire étudier la question suivante :

L'exonération du service militaire de tous les jeunes gens qui, avant l'âge de vingt ans, viendront avec leur famille s'établir à titre de cultivateurs en Algérie, à la condition qu'ils seront tenus d'y rester au moins dix ans après l'âge fixé pour la conscription en France.

Que va décider le ministre de la guerre? Attendons !

Je vous disais l'année dernière que, loin de coûter quelque chose à la mère-patrie, nous lui rapportions encore d'assez jolis bénéfices ; je vous citais des chiffres fort officiels à l'appui de mon assertion.

C'est encore au conseil général que j'emprunte celui de 1,800,000 fr. environ que nous avons fournis cette année à la France. On prétend qu'ils serviront à construire des bagnes à Cayenne ! Combien ces pauvres cents mille francs, fruit de nos épargnes, seraient mieux et plus justemeut employés ici, et avec quels regrets nous les voyons partir ! Mais au moins que l'on ne répète plus la fameuse phrase des cent mille hommes et des cent millions !

Dans le courant du mois d'octobre, le conseil général des ponts et chaussées a approuvé le projet définitif du chemin de fer de Bouffarick à Blidah ; mais jusqu'à présent qu'est-ce que cela prouve ? Nous en sommes toujours réduits à demander moins de mots et plus de faits. Lors de l'arrivée du général Martimprey, qui remplaçait le futur duc de Magenta, on nous a annoncé trois millions pour cette fameuse rue du Rempart qui à elle seule devait nous valoir la visite de toute l'Europe ! Où sont-ils ces millions, et quand commencera-t-on cette rue si belle... en projet ?

Vous avez parlé, comme toute la presse, des 600,000 francs que l'on affectait à notre chemin de fer ; mais étiez-vous bien sûr qu'ils ne devaient pas être prélevés sur les futurs budgets de l'Algérie? Notre reconnaissance alors devrait être moins grande. A l'époque où ces promesses nous étaient faites, on prétendait ici, — je vous rapporte un bruit public, et je ne vous garantis pas un fait, veuillez le remarquer, — on prétendait, dis-je, que les ponts et chaussées seraient chargés de l'achèvement de la ligne d'Alger à Bouffarick, et que le génie voulait lui vendre le matériel considérable qu'il avait fait confectionner pour cette somme de 600,000 fr. Vous comprenez l'opération, et surtout que cet argent ne profiterait guère aux travaux.

Pour n'avoir pas à revenir sur le chemin de fer, hâtons-nous d'ajouter que le 29 novembre dernier a eu lieu l'adjudication des travaux de terrassements et ouvrages d'art à exécuter sur le tronçon de Bouffarick à Blidah. M. Patricot, de Blidah, ayant offert un rabais de 14 pour cent sur les prix du devis, a été déclaré adjudicataire.

Le 11 de ce mois, on a posé la première pierre de la gare de Blidah, ou, pour mieux dire, on a inauguré les travaux du chemin de fer de Bouffarick à Blidah par l'industrie privée. Lorsque les terrassements et les ouvrages d'art seront terminés, une compagnie se présentera-t-elle pour poser les rails et exploiter la ligne?

Je vous fais grâce des discours de Mgr l'évêque et du préfet, comme aussi des toasts qui se sont entremêlés au banquet inévitable. Qu'il me suffise de vous dire qu'on s'est donné rendez-vous au 11 décembre prochain, mais c'est en wagon qu'on doit y venir! Espérons!

Malgré cela, bien des Français, dégoûtés de mille tracasseries, quittent le pays. Il y a eu un grand nombre de suspensions de paiements, et il faut malheureusement constater un état de marasme que la *question des tabacs* n'était pas faite pour dissiper, au contraire.

« Si le roi le savait! » disait-on jadis. Mais comment supposer aujourd'hui que l'administration supérieure ignore l'état de choses dont nous nous plaignons si vivement? et si elle le connaît, pourquoi le tolère-t-elle? Réponde qui pourra... ou qui l'osera!

CHAPITRE XVI.

QUESTION DES TABACS.

13 janvier 1860.

Ce dont nous avons à nous entretenir aujourd'hui n'est pas seulement triste, c'est encore, c'est surtout déplorable, et s'il n'y a pas illégalité, absolument parlant, dans les faits que nous avons à reprocher à une branche de l'administration publique, nous pouvons affirmer au moins, sans crainte d'être démentis, que le tort qui nous est fait est ruineux pour les intérêts privés autant que désastreux pour l'avenir de la colonisation algérienne. Nous n'aurons pas de peine à démontrer ces deux propositions.

Il existe... — j'allais dire : Il existait, et c'eût été mieux peut-être, — il existe une seule culture assez rémunératrice pour permettre aux colons de défricher les terres qu'ils possèdent ; car chacun sait qu'avec le prix élevé de la main-d'œuvre, le blé peut faire vivre le cultivateur, mais ne saurait l'enrichir, ni surtout lui procurer les sommes nécessaires pour améliorer ses conditions d'exploitation. Les produits de cette culture, qui avait pris depuis quelque temps une extension considérable, livrés régulièrement à la régie depuis dix ans, auraient fourni aux colons les moyens nécessaires pour semer de la garance, par exemple, et pour en attendre la récolte ; ils leur auraient permis de créer une orangerie ou une vigne de quelque étendue, de planter des oliviers ou de greffer ceux qui existent, de cultiver des mûriers avec l'espoir d'établir un jour une magnanerie, parce que pour tout cela, comme le remarque fort justement M. L. Bonand dans le *Bulletin de la Société d'agriculture*, s'il faut du temps, il faut aussi de l'argent.

« Et pourtant la garance, les oranges, le vin, l'huile et la soie doivent être un jour au nombre des grandes productions de ce pays.

« Eh bien ! la culture du tabac, si nous la conservons, à plus forte raison si nous parvenons à l'étendre, peut nous donner tout cela. »

Vous allez supposer alors que l'administration

cherche à encourager la culture du tabac ; vous pensez peut-être qu'elle tâchera de faire passer dans la colonie une bonne partie, sinon la meilleure, de ces nombreux millions qui lui rapportent de si beaux intérêts cependant, et qu'elle envoie régulièrement en Amérique et dans les autres pays de production. Erreur ! Elle tend à supprimer par une simple mesure fiscale cette culture éminemment avantageuse à la colonie.

Alors vous direz : Votre tabac ne vaut rien, et c'est depuis que la régie l'achète que nous sommes si mal servis en France. A cela je vous répondrai avec le mémoire présenté au conseil général : « Les commissions de toutes les manufactures de tabac, consultées cette année sur les tabacs algériens de la récolte de l'année dernière, ont reconnu qu'il y avait progrès constant dans les produits de cette culture. »

Si vous me dites : Vous vendez votre tabac trop cher, et l'administration, sagement économe, se fournit ailleurs, je ne pourrai vous répondre exactement, et pour de singulières causes en vérité ; *on ne sait pas* à quel prix la régie achète à l'étranger !... M. Bonand, qui s'est particulièrement occupé de cette question, n'a pu avoir aucun renseignement à ce sujet; il a seulement appris d'un employé très-supérieur, qu'il nomme, que, lors du dernier marché qui a eu lieu pour la fourniture des tabacs d'Amérique, il a été convenu qu'on garderait le secret tout à la fois sur les qualités à livrer et sur les prix à payer. « Chacun est libre, ajoute-t-il, de faire, à propos de ce mystère, telle conjecture qui lui plaira. Quelques personnes seront tentées d'augurer de là que si ce marché avait été conclu à des prix avantageux pour la régie, elle n'aurait pas craint de les faire connaître, pour les opposer, dans son intérêt, à ceux des tabacs qu'elle est dans le cas d'acheter en France, en Algérie et ailleurs. »

Cherchons donc et tâchons d'éclaircir un aussi singulier mystère. Voici d'abord le relevé de tous les tabacs qui ont été livrés au magasin d'Hussein-Dey depuis sept ans, avec la moyenne annuelle des prix payés par quintal métrique :

	POIDS.	PRIX.	MOYENNE.
1852	621,027 kil.	530,245 fr.	85 f. 38 c.
1853	1,248,041	1,109,988	88 95
1854	2,513,850	2,217,400	88 20
1855	2,955,565	2,553,424	86 39
1856	2,380,511	2,036,625	85 55
1857	3,751,214	3,409,881	90 90
1858	3,952,330	3,371,513	85 75

La régie a donc payé nos tabacs en moyenne, pendant ces sept ans, 87 fr. 29 c. le quintal. Voici maintenant une lettre fort intéressante d'un propriétaire et négociant d'Alger, M. Jaubert, membre du conseil général, lettre citée dans le travail de M. Bonand :

« Je ne sais pas au juste, dit-il, à quel prix la régie de France achète aux fournisseurs qui livrent les tabacs étrangers (on vient de voir pourquoi M. Jaubert ne le sait pas); mais ce que je suis à même de prouver, c'est que je vends moi-même tous les jours aux fabricants d'Alger des tabacs de Virginie, *de la qualité inférieure*, celle qu'ils emploient pour faire le tabac à fumer *le plus ordinaire*, débité au détail à 2 fr. 50 c. le kilog., je vends, dis-je, ces tabacs à 150 fr. le quintal métrique.

« Il faut déduire de ce prix :

1° 30 fr. de droit de douane et octroi à Alger ;
2° 5 fr. pour frais de transport de Marseille ici ;
3° 5 fr. pour bénéfice du vendeur.

Soit 40 fr. par 100 kilogrammes, ce qui établit à 110 fr. la valeur desdits *tabacs de Virginie, de qualité commune*, pris à l'entrepôt de Marseille. Je conclus de là que la régie ne peut acheter aux entrepôts des tabacs étrangers, de qualité commune, à moins de 100 fr. environ le quintal. »

Voici tout d'abord une économie de 12 fr. 71 c. par quintal, économie qui n'est pas à dédaigner, puisqu'elle peut s'appliquer à six millions de kilogrammes que le préfet d'Alger nous indique, à la date du 28 octobre dernier, comme étant le contingent que l'Algérie sera appelée à fournir aux manufactures impériales sur les produits de la culture de 1860.

Ces tabacs livrés en moyenne à 87 fr. 29 c. n'étaient cependant pas chers, si j'en dois croire la suite de la lettre de M. Jaubert, qui nous fixe sur leur valeur :

« Je vais citer, dit-il, un fait très-concluant, que j'ai vérifié aujourd'hui même. Une maison d'Alger que je pourrais citer, si besoin est, a fait, il y a deux ans, une opération importante en tabacs algériens. Elle les a d'abord soumis à plusieurs reprises aux manipulations nécessaires, les a fait emballer à la presse, et les a expédiés à Marseille *six mois après les avoir achetés*. Lesdits tabacs ont été vendus à Marseille de 105 à 225 francs le quintal, suivant qualité. Je dois faire observer que ces tabacs comprenaient toutes les diverses qualités achetées d'ordinaire par l'administration, même les non marchands. »

Ainsi donc les plus mauvais de ces tabacs, même les non marchands, ont atteint un prix supérieur à la moyenne de ce que l'administration française nous les paie !

Vous allez sans doute revenir à votre première objection et me dire : Vos tabacs sont moins chers, mais ils sont alors d'une qualité inférieure ! Ici c'est M. Bressiano, spécialement compétent, qui répond à M. Gimbert :

« Quand vous m'avez consulté sur la valeur des tabacs récoltés en Algérie, et plus particulièrement sur leur emploi à la confection des cigares, je vous ai dit que j'avais fait à ce sujet quelques expériences. Afin de vous mettre à même d'en apprécier les résultats, je vous envoie un échantillon de cigares entièrement composés de tabacs du pays, et que vous pourrez mettre sous les yeux des personnes qui s'occupent de cet objet. Ces cigares datent, il est vrai, de cinq ans ; mais c'est plutôt un défaut qu'un avantage, car ils commencent à se piquer. Vous pourrez vous convaincre que, quelle que soit la force du préjugé contraire existant, on peut faire de très-bons cigares avec le seul tabac du pays ; il ne s'agit que d'en bien choisir les qualités, et, chose essentielle par-dessus tout, de savoir les bien manipuler.

« Plusieurs personnes admises à apprécier ces cigares, parmi lesquelles se trouvait un honorable habitant d'Alger qui a résidé plusieurs années à la Havane, les ont trouvés très-bons ; leur cendre blanche se conservait longtemps, et ils se fumaient régulièrement jusqu'au bout.

« On sait, du reste, que les manufactures impériales de France ont commencé à introduire le tabac algérien dans les cigares de 5 centimes ; et *ceux-ci ont été sensiblement améliorés*, suivant ce qui m'a été rapporté par un employé supérieur de la régie.

« Ce côté particulier de la question a une très-grande importance, car c'est le seul point sur lequel il existait des doutes ; on ne saurait contester la valeur de nos produits sous d'autres rapports, puisque la régie de France *les fait entrer pour un tiers dans la confection du Scaferlati* (tabac à fumer), et que ce dernier jouit d'une réputation méritée.

« Les faits et les renseignements qui précèdent démontrent suffisamment, ce me semble, qu'une fois connus, nos tabacs, convenablement manipulés, pourront s'appliquer avantageusement à tous les emplois. »

Comment expliquez-vous maintenant ce que je n'ai pas craint d'appeler en commençant une mesure déplorable qui se traduit, pour les planteurs de tabac algériens, par une perte de 25 pour 100 sur la récolte de 1859; perte qui ira à 50 pour 100 à la fin des livraisons, grâce aux mille vexations qui sont faites chaque jour aux colons, comme, pour n'en citer qu'un exemple, la mesure arbitraire qui consiste à ne recevoir que 44,000 kilogrammes par jour, ce qui force un grand nombre de ces pauvres gens à passer cinq ou six jours, et quelquefois plus, à Hussein-Dey, pour attendre qu'il plaise à MM. les employés de recevoir et de classer leurs livraisons.

Classer! j'ai prononcé le grand mot de la question tout entière. Nous nous plaignons de la diminution du prix, puisque nous perdons le quart et peut-être la moitié de notre récolte, et l'administration nous répond : Il n'y a pas de diminution! C'est ici que commence une équivoque indigne. Non, sans doute, il n'y a pas de diminution de prix pour les classes, mais il y a classement nouveau, non prévu, non annoncé d'avance.

Classement injuste, par conséquent classement

illégal, d'où résultent les conséquences indiquées dans la lettre suivante, adressée le 12 septembre à M. l'inspecteur général, chef du service des tabacs à Alger. Je regrette de ne pouvoir la reproduire en entier; c'eût été le meilleur résumé de cette affaire déplorable à tous les points de vue.

« La première qualité restant intacte, si l'on faisait passer le quart de la deuxième dans la troisième et les trois quarts de la troisième en tabac non marchand, de 60 fr. le quintal (proportion qui serait, je crois, exagérée); une masse de tabacs identique pour les qualités à une masse de tabacs de l'année dernière se trouverait payée comme suit, comparativement aux prix de 1858 :

La 1re qualité de . . 130 fr. resterait à . 130 »
La 2e — . . 110 descendrait à 105 »
La 3e — . . 90 descendrait à 67 50

Addition . . . . 330 fr.   302 50
Moyenne des 3 qual. 110   100 83

« D'où résulterait une diminution de 9 fr. 17 c. par quintal, extrêmement onéreuse pour les planteurs, puisqu'elle produirait la perte d'une somme de 100 à 150 fr. par hectare, représentant plus que le prix de location de la terre.

« Mais la réduction réelle opérée au magasin d'Hussein-Dey depuis le 1ᵉʳ septembre paraît être deux ou trois fois plus forte. Entre autres planteurs notables qui assurent avoir subi des réductions de 25 à 35 pour 100 sur ce qu'ils avaient touché l'année dernière pour des qualités identiques, je citerai deux propriétaires, l'un du Sahel et l'autre de la plaine. M. Reverchon, de Birkadem (l'un des premiers planteurs du pays), qui, l'an dernier, dans une livraison faite au commencement de septembre, avait eu une moyenne de prix de 116 fr., n'a obtenu cette fois que 90 fr. M. Gimbert, de la Rassauta, qui, à la même époque de l'année dernière, avait eu une moyenne de près de 100 fr., n'a eu cette année que 57 fr.

« Au reste, il y a un fait général qui est péremptoire. A la fin de la semaine écoulée, du 10 au 12 septembre, la moyenne du prix d'achat de tous les tabacs reçus à Hussein-Dey depuis le 1ᵉʳ septembre était d'environ 60 fr. Or, monsieur, vous avez bien voulu montrer à M. Valladeau et à moi, sur vos registres, que l'année dernière la moyenne de la première quinzaine du même mois avait été de

85 fr. ; différence approximative, 25 fr., soit 30 pour 100. Cette différence, si elle était appliquée successivement à la totalité des 4,400,400 kilogrammes de la récolte de cette année, ferait éprouver aux planteurs du Sahel et de la Mitidja une perte de plus d'un million.

« Je viens, monsieur, vous demander au nom de tons les planteurs, dont je suis ici l'organe : Cela peut-il, cela doit-il continuer ainsi ? »

Et l'inspecteur a répondu le même jour que cela pouvait et devait continuer ainsi !

« Surtout pas trop de zèle ! » disait un vieux philosophe. Il paraît qu'on ne suit pas sa maxime au ministère des finances; et du reste il est impossible de se reconnaître au milieu des avis que l'on nous prodigue, à défaut de bonnes raisons, pour nous expliquer que nous ue perdons rien dans notre année : chaque employé nous donne un conseil différent sur la variété à planter l'an prochain, mais ils ne sont même pas d'accord sur la qualité qu'ils demandent. Par une contradiction inexplicable, mais qui résulte des ordres émanés du ministère des finances, le tabac du Sahel et des terres sèches, qui a beaucoup plus d'arôme et une couleur plus foncée que les tabacs venus par l'irrigation, et qui a été payé jusqu'ici mieux que ces derniers, ces tabacs, dis-je, sont classés cette année dans les qualités *de rebut*. La seule chose que recherchent les consommateurs, l'arôme, est la seule que la régie n'apprécie pas ; ce qu'elle demande, au contraire, c'est d'abord la longueur de la feuille, puis une teinte orangée. Plus le tabac est arrosé, plus la feuille est allongée, plus elle est pâle. L'administration demande enfin de la finesse ; non pas une finesse relative, car elle exige cette année la finesse du papier, la transparence. Tous les planteurs savent que ces trois qualités constituent le plus mauvais tabac; et vous nous dites que nous ne produisons rien de bon! et vous vous plaignez de fumer de mauvais tabac!

Est-ce assez prouver que la mesure dont nous sommes victimes est désastreuse au point de vue des intérêts privés?

J'ai dit en commençant que cette mesure était surtout déplorable au point de vue de l'avenir de la colonisation. C'est M. le rapporteur de la commission des vœux qui répondra pour moi et mieux que moi. Voici ce qu'il disait dans la dernière session du conseil général:

« Un tel état de choses (la réduction opérée au détriment des planteurs) ne pouvait manquer d'avoir un effet immédiatement désastreux... Aussi la désolation est dans tous les lieux de production; on cite déjà de lugubres catastrophes qui n'ont pas d'autre cause. Ce qu'il y a de certain, c'est que dans ce moment, qui coïncide avec le commencement de l'année agricole, il n'est pas possible de faire un nouveau bail de ferme ou de renouveler des conventions avec des métayers. Tous déclarent que si la réduction pécuniaire opérée sur les livraisons du mois de septembre, comparée à celle du même mois de l'année dernière, est maintenue jusqu'à la fin des livraisons, la culture du tabac est rendue impossible dans ce pays.

« Alors que deviendront les 10,000 individus qui travaillaient sur les 4 à 5,000 hectares livrés à cette culture, et qui généralement n'en connaissent pas d'autre? Il faudra qu'ils s'en aillent. Et les propriétaires, privés de leurs ressources, comment vivront-ils? Comment pourront-ils payer l'intérêt des sommes que beaucoup d'entre eux ont empruntées pour donner du développement à leur exploitation? Il faudra bien qu'ils abandonnent leurs propriétés rendues improductives; plusieurs d'ailleurs les quitteront après en avoir été expropriés. Un tel résultat est d'autant plus facile à prévoir, que depuis un mois toutes les propriétés rurales sont frappées d'une dépréciation de plus de 50 pour 100. Pas un achat normal n'a eu lieu depuis lors ; et, au contraire, des paroles données ont été reprises en raison des circonstances. »

Et plus loin l'honorable rapporteur continue en ces termes :

« On a peine à croire à une telle imprévoyance. La régie des tabacs de France ne dépend donc pas du gouvernement français ? Et ce gouvernement n'a-t-il pas l'intention de conserver ce pays, annexe de la France ? Or, si la régie, en lui faisant faire une économie de 500,000 fr. ou d'un million sur les achats de cette année, tue par là même la culture du tabac dans ce pays, et en fait partir une dizaine de mille individus, il faudra ensuite au gouvernement bien des années et bien des millions pour ramener une population équivalente et pour créer une nouvelle industrie agricole en remplacement de celle du tabac, sans parler des désastres individuels que rien ne pourra réparer. »

Espérer que le ministère des finances reviendra sur ce qu'il a fait est tout à fait improbable : ce qui est bon à prendre est bon à garder ; mais nous espérons que le ministre de l'Algérie prendra notre cause en main et adoucira le mal, s'il est impuissant à le guérir. C'est vers lui que nous tendons les mains, sans oublier la maxime salutaire : *Aide-toi, le ciel t'aidera.* Il importe, du reste, qu'il soit complètement édifié sur les singuliers systèmes qui nous sont appliqués par ses collègues, car nous ne doutons pas de son bienveillant intérêt pour nous.

Cette leçon, qui en vaut bien une autre, mais que nous avions cependant si peu méritée, nous force à songer à l'avenir. Vous parler de la société nouvellement fondée pour arriver aux meilleurs moyens de vendre nos tabacs au commerce étranger vous paraîtrait sans doute peu digne d'intérêt pour vos lecteurs; je me contenterai de vous en signaler les résultats lorsqu'ils seront obtenus. Il suffit pour aujourd'hui que vous soyez exactement instruit et que vous connaissiez tous les détails de cette triste affaire.

CHAPITRE XVII.

CLIMATOLOGIE. — CONSTRUCTION ÉCONOMIQUE D'UN ENTREPÔT DES TABACS A BLIDAH. — ENCORE L'ÉMIGRATION.— PERSÉCUTION CONTRE LE CAPITAL. — PREMIER DÉCRET D'ADMISSION EN FRANCHISE DES PRODUITS DE LA COLONIE DANS LES PORTS DE FRANCE. — LES CAPITAUX ANGLAIS.

2 mai 1860.

La température de notre pays, pendant le rigoureux hiver de cette année, a été toujours à la hauteur de sa réputation : quand le thermomètre centigrade marquait à Hyères 3 degrés *au-dessous* de zéro (le 17 janvier), nous avions ici 9 degrés *au-dessus*. Je commence, vous le voyez, par un avis aux poitrinaires, sorte de réclame pour l'hiver prochain, maintenant qu'on ne sera pas plus étranger à Nice qu'à Alger. Le télégraphe, qui rapproche les distances, fonctionnera de même, car on nous promet le câble direct pour cet été.

Voici le résultat des recherches tentées jusqu'à ce jour, d'après le docteur Koll, de regrettable mémoire, qui établissent la température moyenne annuelle d'Alger à 20°,63.

La différence de température de l'été à l'hiver égale 8 à 10°. La saison tempérée est d'une douceur remarquable, le froid y est à peine sensible, et l'on voit fréquemment des journées d'une incomparable magnificence. La moyenne thermométrique d'Alger dépasse de :

1°,11 celle de Malte ;
1°,66 celle de Malaga ;
2°,22 celle de Madère ;
5°,00 celle de Rome ;
5°,55 celle de Nice ;
7°,22 celle de Pau.

Mais ces différences portent plutôt sur la saison chaude que sur la saison tempérée. Si ce fait était plus généralement connu, on verrait certainement arriver à Alger, chaque hiver, une bonne partie des valétudinaires qui se dirigent, à cette époque, vers ces différents points.

L'*Akhbar* a parlé, il y a bien longtemps, avec des éloges justement mérités, de la création d'un magasin des tabacs à Blidah. Rien ne serait assurément plus avantageux que cette mesure ; mais pour peu que le système de réduction inauguré cette année se continue, les entrepôts deviendront inutiles. Je ne relève cette nouvelle, bien vieille de date, que parce que je vois que le ministère des finances revendique l'honneur de cette création, dont il supporte *seul* la dépense, évaluée à 1,200,000 fr. Or, c'est un peu moins que la somme perdue l'année dernière par les planteurs du seul département d'Alger! Je ne reviendrai pas sur cette question trop longuement étudiée; mais je ne veux pas non plus que l'on se vante d'une munificence faite avec l'argent d'autrui. On a augmenté, il est vrai, les approvisionnements de feuilles de quatre à cinq cent mille kilogrammes répartis entre les trois provinces; ce qui n'empêche pas que toute la seconde récolte ait été refusée par l'administration, qui sans doute préfère acheter à l'étranger un peu plus cher et moins bon, ainsi qu'on l'a suffisamment démontré, je crois, dernièrement.

L'ordre se fait peu à peu, et nous ne laissons pas échapper une occasion, quelque rare qu'elle soit, d'y applaudir; mais le *statu quo* nous tue, parce que nous sommes le commerce, et que sous peine de mort nous devons progresser. On nous reproche parfois l'acrimonie de nos correspondances, on se fatigue d'entendre nos plaintes toujours renouvelées; mais on ne sait pas combien il est dur pour nous, fils dévoués de la mère-patrie, de voir l'indifférence dont on nous accable; le mauvais vouloir des administrations, alors que nous savons ce que nous pouvons faire ; car nous avons la confiance de nos propres forces, du jour où l'on voudra nous laisser libres d'agir, du jour où l'on nous dira : Allez, et la justice qui vous est due vous sera toujours rendue. Mais on nous l'a dit trop souvent, hélas ! nous ne croyons plus qu'aux faits, et nous attendons vainement l'exécution de ces promesses si souvent répétées.

Que fait-on, par exemple, pour favoriser l'émigration? Il y a longtemps déjà que je vous ai parlé de la facilité de résoudre cette importante question; mais, bien loin d'entrer dans cette voie, nos conditions actuelles sont pires qu'elles ne l'étaient sous le régime militaire.

« Si un large et perpétuel courant d'émigration ne cesse de porter en Amérique son contingent d'activité, de capitaux, de progrès, de lumières, c'est que le gouvernement des États-Unis appelle, encourage, protége, favorise même l'émigration européenne. L'autorité lui donne elle-même aide et protection;

des associations philanthropiques la favorisent ; le commerce, l'industrie organisent des services à Hambourg, au Hâvre, à Liverpool, pour le transport de ces rudes travailleurs qui leur apportent richesse et prospérité.

« Le dernier courrier de New-York nous apprend que, dans une récente séance des aldermen, le nouveau maire, M. Wood, venait de recommander la fondation d'un bureau de protection pour les émigrants qui affluent dans cette ville. On en ferait connaître l'existence et les réglements dans toutes les villes d'Europe et des Etats-Unis.

« Telles sont les mesures que le gouvernement américain multiplie et généralise pour attirer dans les vastes plaines du Nouveau-Monde le courant de l'émigration européenne.

« Malheureusement nous n'avons jamais su profiter de cet enseignement. Bien plus, depuis dix-huit mois, depuis la constitution du ministère de l'Algérie et des colonies, l'administration civile semble avoir adopté une marche toute contraire à celle du gouvernement militaire, qui s'appliquait à favoriser de tout son pouvoir le mouvement de l'émigration en Algérie.

« Le ministère de la guerre accordait naguère

toute facilité pour se rendre en Algérie; des passages gratuits étaient libéralement dispensés aux écrivains, aux économistes, aux capitalistes comme aux colons. Un dépôt d'ouvriers installés à Bab-Azoun offrait un asile provisoire aux travailleurs.

« Le ministère de l'Algérie et des colonies au contraire a supprimé les quelques seules mesures de nature à favoriser l'émigration et le peuplement. Aux facilités accordées jadis pour se rendre en Algérie ont succédé des restrictions fâcheuses dans la délivrance des passages entre la France et l'Algérie, et le dépôt d'ouvriers à Alger a été supprimé.

« Le conseil général de la province de Constantine s'est ému de cet état de choses, qu'il accuse de paralyser le mouvement d'émigration. « Pour justi-
« fier ces restrictions, dit son rapport, il a été dit
« qu'il était abusif, contraire aux intérêts du trésor
« d'accorder la gratuité des passages à des gens en
« état de payer. » Raisonner ainsi, c'est mal entendre les intérêts de la colonie. Il faut, au contraire, renverser la proposition et dire : « Plus une per-
« sonne est riche, plus l'administration métropoli-
« taine doit s'efforcer de l'attirer en Algérie. » Or,

la perspective d'un passage gratuit est un appât auquel bien des gens se laissent aller. L'Algérie n'est pas encore assez connue en France, il faut la faire connaître. Que de gens venus en Algérie pour l'explorer ont été séduits par les beautés et les richesses que le pays renferme, et s'y sont attachés, les uns par des placements hypothécaires, les autres par des acquisitions ! Et pas un n'y fût venu peut-être sans la faveur du passage gratuit, et, par suite, la colonie comme le fisc n'aurait pas bénéficié de leur venue. L'administration, qui favorisait ces sortes d'explorations par ces espèces de primes offertes à l'immigration, faisait donc preuve de sagesse et comprenait le rôle qui lui était dévolu. »

(*Akhbar.*)

Le rapport du conseil général met le doigt sur une plaie bien vive. Quel est en effet le grand propriétaire qui n'a pas à se plaindre plus ou moins de l'administration ? On croirait vraiment qu'on redoute leur indépendance, et que, parce qu'ils sont riches, on voudrait les voir quitter le pays. On parle beaucoup de terres en friche ; mais on n'ajoute pas que, lorsqu'elles ont été mises en culture, on s'empare sans façon de terrains qui devraient subir au moins la loi commune des expropriations. Quand ces propriétaires, que je nommerais le capital, se voient ainsi en butte à de misérables tracasseries, ils se retirent peu à peu et abandonnent un pays qui devrait tout faire pour les attirer, ou bien encore, si, plus courageux, ils restent en Algérie, ils dépensent leur argent en procès que l'administration leur suscite au lieu de leur aplanir toutes les voies. Oui, voilà ce qui nous indigne et ce contre quoi nous ne cesserons de nous élever tant que ce système déplorable n'aura pas fait place à une action plus loyale, plus patriotique, plus française en un mot.

Nous disions plus haut que nous ne laissions pas échapper une occasion d'applaudir à une bonne mesure : c'est dans ce nombre que nous devons ranger le décret du 11 février, qui autorise l'admission en franchise de droits dans les ports de France du plus grand nombre des produits naturels ou fabriqués de la colonie.

Nous devons d'autant plus rendre grâces au ministère de l'Algérie et des colonies d'une mesure qui équivaut au quasi-affranchissement de l'industrie algérienne, que cette question, à laquelle se rattachent des intérêts si divers, avait rencontré jusqu'ici la plus vive opposition dans les départements des finances, de l'agriculture et du commerce.

Je suppose que vous auriez de la peine à me croire si je vous disais qu'avant le 11 janvier 1851 la colonie n'était pas protégée comme la mère-patrie contre la concurrence étrangère, mais que, bien plus, elle était privée de l'écoulement naturel que tous ses produits eussent pu avoir en France : dans ses relations à l'étranger, droit de sortie à l'exportation ; dans ses relations avec la France, taxes douanières à l'entrée.

C'est ainsi que cela se pratiquait ; c'est incroyable, je vous l'accorde, mais c'est ainsi. La loi de juillet 1856 a consacré des idées encore plus justes et plus libérales que sanctionne le décret impérial du 11 février 1860, dont les dispositions favorables sont un incontestable encouragement à notre commerce et à notre industrie.

On nous annonce encore de grands travaux et cinq millions, non compris les voies ferrées, pour des ports, des routes, des phares, des irrigations, des desséchements et des forages de puits artésiens. Je vous en parlerai lorsque je les verrai commencés ; c'est plus sûr.

L'exécution de la fameuse rue du Rempart, dont

il est question depuis si longtemps, a été confiée à sir Morton Peto, qui a offert de se mettre au lieu et place de la ville, ce qui a été accepté à l'unanimité par le conseil municipal. Ce fait heureux intronise en Algérie les capitaux anglais.

CHAPITRE XVIII.

DES RELATIONS COMMERCIALES DE L'ALGÉRIE AVEC L'AFRIQUE CENTRALE.

10 juin 1860.

Dégoûté par tout ce que je voyais, vexé surtout par la mesure ruineuse et arbitraire que l'administration des tabacs a prise à notre égard, j'ai voulu étudier de près la question de nos relations commerciales avec le Soudan. Je suis donc parti pour Tunis. A peine débarqué aux environs de Carthage, — ne craignez rien, je ne vous en décrirai pas les ruines, — on me confirma ce fait déjà connu du départ de M. Freeman, secrétaire du consul général britannique, pour Tripoli et Gademès. La vigilante Angleterre ne perd jamais l'occasion de faire ses affaires en gagnant de vitesse les autres nations commerçantes, et en cela je la loue comme je blâme les nations qui se laissent ordinairement devancer par elle.

Gademès est à vingt-une journées de Tripoli ; il n'y a jamais eu le moindre Européen établi dans cette ville, on n'y trouve pas le plus petit Anglais, mais elle est le rendez-vous de toutes les caravanes qui, de l'intérieur et même de Tombouctou, se rendent dans le Tell, à Tunis et à Tripoli. Laghouat et Tuggurt étaient, par leur position géographique, le passage naturel du commerce de l'Afrique centrale ; il fallait donc à tout prix empêcher l'Algérie d'attirer chez elle les caravanes du Sahara et du Soudan. Pour cela le vice-consul, — qui n'a personne à protéger, — devenu le représentant de maisons de commerce qui lui fournissent des fonds, achète à tout prix les marchandises de l'intérieur et cumule les fonctions de commissaire et d'accapareur avec celle d'agent britannique.

Tout cela est parfaitement bien jusqu'ici ; mais il s'agit de savoir si notre intérêt à nous, Français d'abord et colons français ensuite, Algériens en un mot, ne doit pas nous porter à imiter ces grands modèles, à suivre les exemples qu'ils nous donnent.

Une publication récente de M. de Broglie renferme des aperçus très-élevés sur les avantages et la nécessité des colonies fondées par l'esprit commercial ; il rappelle que les premiers établissements faits sur les côtes des deux Indes furent des comptoirs et des entrepôts. La conquête ne vint qu'à la suite du commerce, puis l'émigration à la suite de la conquête, mais toujours à l'aide du commerce, auquel elle dut les avances comme la rémunération de ses premiers travaux.

Tel n'a pas été le commencement de notre colonie, qui a débuté par la conquête, et où il faut ouvrir aujourd'hui tous les débouchés possibles, tant à l'importation qu'à l'exportation. Or, par notre position géographique, nous devons être les seuls maîtres de ce vaste continent, au point de vue commercial ; car la Nigritie, du lac Tschad au Sénégal, forme la base d'un triangle dont l'Algérie est le sommet, et dont les deux côtés sont les routes des caravanes. De là je conclus que tout le commerce du Soudan peut, à l'exportation, rayonner du sommet à la base, et s'engouffrer de la base au sommet, pour l'exportation.

Je ne veux pas dire que le gouvernement n'ait jamais rien fait dans ce but, au contraire ; ses efforts mêmes n'ont pas été infructueux, puisque à diverses reprises nous avons eu des chefs Touaregs dans les rues d'Alger, qu'en 1857 ils y achetèrent pour 30 ou 40,000 fr. d'échantillons, et que le capitaine Bonnemain, envoyé par le maréchal Randon, parvint heureusement à Gademès, traçant ainsi au commerce algérien une route sans périls au bout de laquelle sont des profits certains.

Le colonel Ribourt, dans son *Gouvernement de l'Algérie de* 1855 *à* 1858, fait le récit d'une autre caravane envoyée à R'att, situé à trois cent cinquante lieues de Laghouat, qui revenait au bout de quatre mois avec la conviction que nous pouvions faire, dans ces régions éloignées, un commerce fructueux.

Ces différentes tentatives ont si bien porté leurs fruits, les habitants du grand désert ont si bien compris tout ce qu'ils avaient à gagner à entamer des relations commerciales avec l'Algérie, que nous avons vu arriver à Alger, et par deux côtés différents, des habitants de Gademès et du Touat.

Emerveillés de notre civilisation, de la supériorité de notre industrie, ils n'apprécièrent pas moins la pacification du pays, la sécurité de nos routes, la sûreté de nos transactions, toutes choses qu'ils ne rencontrent pas sur la voie des caravanes de Tripoli et du Maroc, et ils sont en instance auprès de l'autorité supérieure afin d'obtenir les facilités nécessaires pour amener des caravanes de leur pays sur le territoire algérien.

Serait-ce trop demander, par le temps de libre échange qui court, que le ministre de l'Algérie fît approuver par son collègue des finances l'introduction en franchise de tous les produits naturels de l'Afrique centrale sur nos marchés algériens ? Il va sans dire que nous ne demandons pas ce privilége pour les objets de fabrique anglaise qui pourraient nous arriver, même par cette voie détournée. Après le consul anglais de Gademès, nous en aurons bientôt un autre à Ghat, peut-être au Touat.

Un voyage d'exploration a été fait dans ce sens par M. Richardson, qui à son retour, et lors de son passage à Alger, disait, dans un de ces moments d'expansion si rares chez les agents britanniques : « La possession de l'Algérie donne aux Français la plus belle position qu'on puisse désirer pour se rendre maître du commerce de l'Afrique centrale. Il est étonnant que le gouvernement n'ait encore rien fait pour en profiter. »

Un autre Anglais, qui voyageait en 1842 dans le

Maroc, résumait comme il suit ses impressions de voyage :

« L'occupation complète de l'Algérie par la France livrera à cette nation un commerce d'importation et d'exportation que j'estime à 175 millions. Aujourd'hui la majeure partie du négoce avec Tombouctou et le désert se fait par Tlemcen et Fez, d'où les *marchandises anglaises* sont emportées dans le sud par les trafiquants indigènes.

« Mais si la ligne de la Tafna est jamais occupée par les troupes françaises, il y aurait peu de demandes en Algérie de marchandises anglaises, dussent-elles y entrer franches de droits, parce que les manufacturiers français pourraient fournir à meilleur marché que les nôtres. En voici la raison : Les marchandises européennes paient 10 pour 100 au moment du débarquement dans un port du Maroc ; elles paient un autre droit de 10 pour 100 quand elles doivent aller à l'intérieur ; elles auraient donc acquitté 20 pour 100 avant d'atteindre l'Algérie où le sud. Bien plus, les Français, mettant à profit les droits élevés que les produits européens paient dans le Maroc, pourraient introduire leurs marchandises en contrebande par la frontière de l'ouest et inonder les Etats de Moula-Abderrhaman. »

Chaque année les populations nomades du sud se rapprochent de la zône des terres de labour pour y échanger les produits de leurs chasses et ceux de leur pays contre les provisions qui leur sont nécessaires.

Un savant publiciste ajoutait, il y a longtemps déjà, que les points où s'arrête cette marée annuelle deviennent des centres d'action dont l'importance est incontestable. « C'est là que, comme autant de fils, les intérêts du sud viennent se rattacher aux intérêts du nord. C'est aux points où viennent aboutir ces fils, c'est à Teniet-el-Hâd, Bouçada, Tiaret, Laghouat, Sebdou, que nous devons établir nos premiers comptoirs, et de là préparer l'installation de deux vastes entrepôts, à Gardeïa et à Ouargla.

« Gardeïa, capitale des Beni-Mzab, est sise à 150 kilomètres de Laghouat et à 590 kilomètres d'Alger. Sa population est de 10 à 12,000 habitants. L'industrie et le commerce y sont d'une grande importance.

« Ouargla, située à 147 kilomètres est-sud-est de Gardeïa, à 150 kilomètres sud-sud-ouest de Tuggurt, à 750 d'Alger, a une population de 5 à 6,000 habitants. Les Mzabites sont forcément liés d'intérêts avec nous. Quelques milliers d'entre eux habitent nos villes de l'intérieur ou du littoral. Ils y ont des immeubles, leur industrie, beaucoup de marchandises. Ils sont les courtiers du commerce entre l'Algérie, le Touat et le Soudan. Leur intelligence commerciale saurait apprécier que l'établissement de comptoirs français au milieu de leur pays ne peut qu'augmenter leurs relations commerciales et y faire affluer les caravanes. Leur concours nous est donc assuré.

« Ouargla est le dernier grand entrepôt commercial du Sahara algérien et le point le plus rapproché du Touat et des contrées des redoutables Touaregs.

« L'immense oasis du Touat, qui s'étend du nord au sud sur une longueur de 60 à 80 lieues environ, renferme plusieurs grands centres de population très-importants pour le pays. Timimoum et Insalah sont les deux grands entrepôts des caravanes, où les marchandises s'accumulent par l'est et par l'ouest, apportées par les tribus nomades de Tunis d'un côté et les ports du Maroc de l'autre, et s'écoulent avec les caravanes de Fez jusqu'à Tombouctou et dans le Soudan. Par cela on peut apprécier quelle doit être l'immense importance commerciale du Touat. »

Quant aux Touaregs, ces véritables douaniers du Sahara et du Soudan, ils sont acquis à notre influence depuis leur première députation, arrivée à Alger en 1855. Ils se sont mis volontairement à la disposition des caravanes que nous voudrions diriger vers le sud.

Le jour où les portes du Touat nous seraient librement ouvertes, ce jour-là le problème serait résolu, et l'Algérie, devenue réellement le grand port du Soudan, tendrait la main, à travers l'immensité du désert, à Bakel et à Saint-Louis.

J'entends d'ici les Béotiens de mon pays s'écrier qu'on ne fait pas le commerce du sable, et que mieux vaut trafiquer à la Bourse que de traverser le désert. Savent-ils ce que c'est que le désert ? Non ! Eh bien ! je cite à leur intention cette charmante description :

« Le désert, c'est la mer ; elle baigne deux continents, le Tell et le Soudan, à cinq cents lieues de distance. Les derniers versants de l'Atlas lui font des golfes et des caps, des baies et des falaises, et les villes du Sahara sont ses ports d'attérage. Au sud, elle meurt sur la plage, ou dort dans les criques des dunes. Ses îles sont les oasis, ici groupées en archipel, là-bas isolées dans l'espace, escales ou ports de relâche. Ses flottes sont les caravanes, faisant, parallèlement à la côte, le grand et le petit cabotage, du nord au sud, des voyages au long cours, guidées par les étoiles, comme celles de l'Océan avant l'invention de la boussole. Les Touaregs sont ses pirates et ses douaniers. Les armateurs des maisons du Maroc ont des comptoirs à Tombouctou, à Djenné, à Ségo ; ceux de Tunis en ont à Sakkatou, à Kanou et à Kachena ; ceux de Tripoli dans le Bornou. Nous seuls n'en avons nulle part. »

Autrefois la régence d'Alger faisait tout le commerce du Sahara ; mais, depuis la conquête, il prit une voie plus sûre, loin des divisions intestines des tribus et d'un pays en guerre perpétuelle ; les caravanes, au lieu de se diriger en droite ligne vers le nord, inclinèrent à droite vers Tunis et à gauche vers le Maroc, où nous trouvons l'Angleterre installée à Mogador, Rabat, Tanger, Tétouan, Tunis, Tripoli, et par là sur nos frontières est et ouest ; de sorte qu'elle a vu augmenter ses bénéfices de toute la gloire que nous avons recueillie. Mais les temps vont changer ; espérons-le du moins !

Je ne veux pas entrer ici dans le détail des marchandises que les caravanes emportent au Soudan et en rapportent ; je ne vous en citerai que quelques chiffres.

Nos objets d'exportation rendus au Touat, c'est-à-dire à quinze jours de marche de notre frontière sud, acquièrent une valeur double et plus du quadruple lorsqu'ils ont atteint le Soudan.

Sur ce sujet nous empruntons l'autorité de M. Prax : « Pour une charge de chameau, le prix d'Alger à Tuggurt et à toutes les villes de la lisière du grand désert est d'environ 50 fr., et le prix ne s'augmente guère de plus de 100 fr. pour pénétrer jusqu'au Soudan. Admettons un total de 150 fr. et une somme égale pour les dépenses et les faux frais du marchand arabe. La valeur de la charge d'un chameau sera en moyenne, au départ, de 2,000 fr.; elle sera de 8,000 fr. rendue à destination. Sur la différence, il y aurait à déduire 300 fr. de transport et de faux frais pour avoir le bénéfice net. Ainsi sur 2,000 fr. on gagnerait 5,700 fr. Il faut compter six mois pour la durée du voyage, et le temps employé à la vente et à l'achat des denrées. Le retour prendrait un temps égal et donnerait le même bénéfice. Par conséquent, 10,000 fr. de marchandises prises à Alger vaudraient 28,500 fr. dans le pays des noirs, soit 25,000 fr. afin de tenir compte des pertes et déchets. Ces 25,000 fr. donneraient au retour 62,500 fr. soit 60,000 fr., déduction faite des pertes et déchets. Ainsi avec 10,000 fr. on réaliserait un bénéfice de 50,000 fr. dans le cours d'une année. »

M. A. Berthoud signalait dernièrement encore le sel comme devant être l'objet d'un commerce considérable avec l'Afrique centrale. « Le Soudan, dit-il, souffre d'un manque absolu de sel. Les tablettes de sel s'y échangent à poids égal contre l'or. Les riches peuvent à peine s'en procurer le luxe. Les pauvres sont obligés d'avoir recours à l'eau amère, dans laquelle ils ont fait infuser des cendres. L'absence de sel engendre au Soudan cette fadeur générale des aliments, et particulièrement de la viande, dont tous les voyageurs se sont plaints, en dépit de la belle apparence des bestiaux. »

Vous n'ignorez pas combien les plaines et les steppes de nos possessions sont riches en sel, sans compter le sel gemme d'Aïn-Tmouchem et les rochers de sel entre Boghar et Laghouat. Maintenant vous me direz qu'il ne suffit pas de montrer le mal, mais qu'il convient d'en signaler le remède ; qu'il est aisé de dire: Il faudrait faire mieux, mais qu'il est plus difficile d'ajouter: Il faut faire ainsi. C'est ce que je vais essayer de vous exposer le plus brièvement possible.

Tous les journaux nous annonçaient dernièrement que le général de Martimprey et M. le préfet d'Alger organisaient une vaste caravane qui cherchera à se rendre directement d'Alger à Tombouctou. Le gouvernement a donc bien reconnu les immenses avantages qui résulteraient, pour nos colonies du Sénégal et de l'Algérie, de la réussite complète du projet dont nous nous entretenions dernièrement.

La caravane, après avoir quitté les grandes steppes algériennes, pénétrerait dans le pays des dattes, à Gardeïa et de là à Nadrama ; elle traverserait ensuite les villes d'Aghaply et Ouallen, situées dans l'immense désert du Sahara. Dans cette vaste région du Maghreb, elle rencontrerait la fameuse peuplade des Touaregs, dont quelques uns se sont montrés à Alger ; elle irait ensuite à Ber-Mossaguen, Hassy-Touaber, Hassy-Moussy, Mabrouch, et pénétrerait enfin dans la Sousqua, où se trouve la ville de Tombouctou.

M. A. Berthoud, a publié une suite d'articles fort remarquables sous ce titre : *Notre première caravane*, et c'est une rapide analyse de cet excellent travail que je vais vous envoyer.

Après avoir longuement énuméré tous les produits du Soudan, M. A. Berthoud remarque fort justement que notre industrie est obligée de les demander à l'étranger, « source qui peut lui faire défaut d'un moment à l'autre, » et qu'une fois ce grand marché ouvert, elle trouverait sur ce terrain neutre, inaccessible à d'autres qu'à nous, une alimentation suffisante.

« D'un autre côté, notre production nationale manque d'un débouché vaste et certain. C'est quand on produit beaucoup que l'on peut produire en bonne qualité et à bon compte. Les Anglais ne négligent rien pour se conquérir de nouveaux marchés, parce qu'ils savent bien que l'extension de la consommation de leurs produits peut seule conserver leur suprématie industrielle. Les Anglais ont l'Inde, bientôt ils auront la Chine ; chaque jour ils font un pas nouveau en Afrique. Partout les richesses de Birmingham et de Manchester pénètrent sans concurrence et enrichissent la Grande-Bretagne des trésors de ces contrées encore presque inconnues et inexplorées. »

L'Angleterre, jalouse de sa suprématie, viendra certainement s'opposer indirectement à ce grand projet ; mais nous combattrons ici sur notre terrain, et l'intérêt des peuplades que nous visiterons nous est un sûr garant du succès ; car, il faut bien le remarquer, il importe surtout que chacun profite de cette grande entreprise éminemment utile au Sénégal au point de vue politique, stratégique, si mieux vous aimez.

Le Sénégal, à qui un brillant accroissement fait présager un grand avenir, est une île pour la métropole. Accessible seulement par l'Océan, ce serait doubler sa force et le rendre inattaquable que de démontrer la possibilité de le soutenir par terre.

Cette première expédition devrait donc être politique en ce sens qu'elle contribuera à étendre notre influence et à balancer au moins sur un continent la prééminence étrangère qui triomphe sur tous les autres.

Elle sera scientifique et géographique par la force des choses et, pour ainsi dire, malgré elle.

Mais elle doit être avant tout commerciale pour que des relations directes et permanentes soient établies entre l'Algérie et le Soudan.

Un géographe et deux médecins formeraient donc l'élément scientifique, et ces derniers surtout seraient une des garanties du succès de l'expédition; car les récits de Richardson nous montrent le parti que peut tirer un voyageur de quelques médicaments distribués avec discernement aux pauvres malades, si nombreux dans le désert. Le plus ardent fanatique bénit la main qui le soulage, fût-ce celle du plus méprisé des infidèles.

Quand j'ai dit que l'expédition devait être surtout commerciale, je n'ai pas voulu parler d'une caravane officielle, de marchandises transportées au nom de la France, sous la direction de chefs ou de marchands officiellement délégués pour cela. Je vous ai prouvé assez souvent mon opposition à cette perpétuelle ingérance de l'Etat, qui enlève tout à l'initiative individuelle, pour ne pas être mal compris dans cette grave question. Des Européens conduisant leurs marchandises à Tombouctou, sous la protection de 800 hommes armés, ainsi que le proposait M. Bodichon dans une brochure déjà ancienne, auraient la certitude de n'y jamais arriver et surtout de n'en pas revenir.

Les populations du désert, soupçonneuses à l'excès, verraient d'un mauvais œil cette tentative de commerce français. Courtiers séculaires du négoce de l'Afrique septentrionale, ils craindraient pour leur privilége, et, la terreur de la concurrence aidant, le fanatisme reprendrait ses droits.

« Ne leur donnons pas lieu de supposer, ajoute encore M. A. Berthoud, que nous voulons nous substituer à eux dans ce trafic important ; mais faisons-leur comprendre que nous voulons utiliser leurs talents incontestables pour le commerce, que notre but est d'activer des transactions dont chaque jour ils déplorent le déclin, et, par conséquent, de les enrichir en les employant. Ils ne demandent pas mieux que d'acheter, transporter, escorter, revendre des marchandises de toute provenance. Qu'ils agissent donc pour leur compte. Peu importe que le marché du Soudan soit conquis à la France par des mains nationales ou par des mains indigènes, pourvu qu'il soit conquis. Mettons à leur disposition nos produits nationaux ; laissons à leur initiative et à leur habileté le soin de discerner les articles d'un écoulement certain ; ne nous occupons ni de leurs bénéfices, ni de leurs affaires ; protégeons-les s'ils marchent sous la sauvegarde de notre drapeau : c'est, pour le début, le seul rôle que nous ayons à remplir vis-à-vis d'eux.

« Lorsque l'expédition aura été décidée, que l'on fasse, au contraire, un appel au commerce indigène de l'Algérie, et surtout du Sahara algérien ; que l'on publie l'intention du gouvernement français d'expédier une caravane au Soudan, comme cela se fait dans le Maroc à l'époque du départ de la grande caravane annuelle; que l'on mette à cet effet à la disposition de nos Arabes les marchandises de provenance française dont ils jugeront eux-mêmes le placement assuré. On peut être certain d'être obligé de limiter les demandes, tant elles seront nombreuses. Nos indigènes et nous aurons soin de n'admettre que des hommes en qui nous aurons une absolue confiance, qui acquerront eux-mêmes nos marchandises, les chargeront sur leurs propres chameaux, les transporteront, les surveilleront et les vendront à leur convenance. La France ne s'engagera vis-à-vis d'eux qu'à la protection générale de l'expédition pendant le trajet.

« Cette démarche, dont le succès est infaillible, anéantit tous les inconvénients, fait face à tous les dangers. Les marchandises appartenant à des musulmans, on n'invoquera pas au moins le prétexte religieux pour les piller. La crainte de la concurrence sera écartée, puisque, loin de contrecarrer les opérations entre les indigènes, nous nous montrerons disposés à les encourager. La direction de l'expédition restant entre des mains françaises, on ne nous accusera pas d'être les ennemis mortels des enfants du prophète dont nous nous montrerons les protecteurs. Enfin les frais seront de beaucoup diminués et le budget moins surchargé. »

Mais, allez-vous dire, qui choisirez-vous pour conduire cette première expédition scientifique, un peu commerciale surtout? Quel est l'homme endurci aux fatigues de la vie du désert, habitué au commandement, initié à la vie, aux mœurs, au langage de ces Arabes qui seront sous sa direction, et pouvant représenter — avec le faste relatif indispensable — la France qui marche non plus armée de la foudre, mais qui s'avance pacifiquement au milieu de ces immences solitudes? Cet homme, vous le trouverez aisément, vous en trouverez dix, grâce à la forte organisation de nos bureaux arabes, si décriés naguère, mais dont on ne peut cependant nier les importants services.

Cet homme ne manquera pas à la France, et vous lui adjoindrez deux ou trois de ses vaillants frères d'armes qui l'aideront, au besoin le remplaceront s'il succombe, et conduiront à cette fructueuse conquête une simple escorte d'une trentaine de nos braves spahis indigènes, destinés à faire respecter les sujets français et à éloigner les maraudeurs.

Une expédition conçue ainsi que je viens de vous

le dire, composée d'une centaine de personnes au plus, sera assez nombreuse pour faire face au danger et pas trop pour inspirer des craintes, si la plupart de ses membres sont indigènes, moins une dizaine de Français au plus ; si elle est revêtue du caractère partout sacré d'ambassade ; si elle n'apporte que des paroles de paix et aucun emblème de guerre ; surtout si elle appartient à une nation devenue africaine, redoutée pour ses victoires, respectée pour sa force jusqu'au Sénégal, et par conséquent naturellement autorisée à faire une démarche qui pourrait paraître extraordinaire de la part de toute autre nation ; si elle porte avec elle les lettres d'amitié de vingt chefs du désert réunis sous son drapeau ; si l'apparat de ceux qui la dirigent représente bien la grandeur de ceux qui l'envoient. Elle ne sera l'objet ni d'une attaque, ni même d'une injure ; on la recevra comme on reçoit partout les ambassadeurs d'une puissance voisine et amie, avec respect et avec gravité ; il n'y aura pour elle aucun danger sérieux à courir, si ce n'est ceux qui résulteront d'une situation malheureuse à laquelle les indigènes eux-mêmes seront soumis.

Je crois vous avoir fidèlement résumé les idées de M. A. Berthoud, qui ont servi de corollaire à ce que j'avais cru devoir vous dire à propos de la nécessité où se trouve la colonie d'ouvrir le plus promptement possible des relations avec l'Afrique centrale.

CHAPITRE XIX.

DÉCRET AUTORISANT LA LIBRE INTRODUCTION DES PRODUITS DU SAHARA ET DU SOUDAN. — DES MOUTONS DE PANURGE. — LES CHATS ÉCHAUDÉS.... NE PLANTERONT PAS DE TABAC.

22 juillet 1860.

Je vous disais dernièrement : « Serait-ce trop demander, par le temps de libre échange qui court, que le ministre de l'Algérie fît approuver par son collègue des finances l'introduction en franchise de tous les produits naturels de l'Afrique centrale sur nos marchés algériens? Il va sans dire que nous ne demandons pas le même privilége pour les objets de fabrique anglaise qui pourraient nous arriver, même par cette voie détournée. »

Il est donc inutile aujourd'hui de vous dire ce que nous pensons du décret signé à Fontainebleau le 25 juin et que le *Moniteur* nous a apporté dans son numéro du 8 juillet. Le rapport tout entier du ministre confirme ce que j'avais l'honneur de vous exposer sur les nécessités d'ouvrir des relations avec l'Afrique centrale, et conclut à la libre introduction de toutes les productions du Sahara et du Soudan. L'article 3 du décret sauvegarde tous nos intérêts ; le voici : « La frontière sud de l'Algérie reste fermée à l'importation de tous autres produits que ceux qui sont originaires du Sahara et du Soudan. »

Voilà donc la voie tracée ; il ne reste qu'à la suivre, et nous n'y manquerons pas, soyez-en sûr.

Après ce petit grain d'encens que je viens de brûler sur l'autel de ma prévoyance, disons le mot, de mon amour-propre, je vais bien vite me remettre à l'œuvre ou plutôt la reprendre où je l'ai laissée il y a longtemps déjà.

Un décret du 11 février dernier avait ajouté de nombreux produits algériens à ceux que la loi du 11 janvier 1851 laissait entrer en France libres de tous droits : c'était déjà un progrès ; l'ouverture de notre frontière sud en réalise un autre non moins grand. Si vous ajoutez à cela l'exécution de nos voies ferrées, le crédit de 5 millions récemment alloué pour de grands travaux d'utilité publique, et si, après une pareille évaluation, nous venions encore à nous plaindre, vous n'hésiteriez pas à nous traiter d'ingrats ; cependant je ne puis vous dissimuler qu'il y a du malaise dans l'air, un certain je ne sais quoi qui se sent et qu'on ne peut exprimer.

Nous sommes des ingrats, je le répète, non pas en ce sens que le bien qu'on veut nous faire nous laisse indifférents, mais bien parce que, tout en appréciant des intentions bonnes, nous ne sommes pas satisfaits encore. Croyez-moi, un pays tout entier n'est pas dans une attente vague alors que rien ne doit lui arriver. Je ne puis pas deviner, mais d'ici à peu de temps j'aurai sans doute à vous annoncer de grands changements. Les diverses mesures que l'on vient de prendre à notre égard, mesures qui toutes nous sont avantageuses, nous assurent que ces changements ne nous feront aucun tort, au contraire.

La presse française semble comprendre enfin qu'elle peut sans déroger s'occuper de nous ; chaque jour, en effet, nous voyons nos questions gagner du terrain et traitées dans les divers organes de Paris et des provinces. Que demandons-nous depuis si longtemps ? A être connus. N'est-ce pas ce que je vous ai bien souvent répété ? Eh bien ! pour être connus et pour attirer sur nous cette attention que l'on prodigue souvent à des choses si vaines, il a fallu la concession des travaux de la rue du Rempart à Alger à un Anglais! Quand on a vu les capitaux britanniques débarquer sur nos rivages, on s'est dit : Mais il y a donc quelque chose à faire de l'autre côté de la Méditerranée? On a attendu jusqu'à ce moment, et après avoir été traités de fous et d'aventuriers par nos plus proches comme par les soi-disant raisonnables, vous verrez d'ici à peu de temps un nombreux troupeau de moutons de Panurge, élevé dans les bergeries de la France, faire invasion dans notre colonie. Il sera le bien venu et le bien reçu, soyez-en sûr.

Dans le courant du mois d'avril, le ministre des finances a porté à la connaissance des planteurs de tabac une décision qui fixait à 6 millions de kilogrammes le chiffre du contingent à livrer en 1860 aux manufactures ; mais « chat échaudé... » vous savez le reste. Après l'*aventure* de l'année dernière, il faut se reposer un peu et reprendre haleine. Je pourrais vous citer les premiers cultivateurs de la province qui se sont prudemment abstenus, et qui n'ont pas envie cette année de débourser de l'argent au lieu d'en gagner. Vous avez dû trouver sans doute que je vous ai entretenu trop longuement de cette affaire ; c'est qu'il était facile de prévoir ses déplorables conséquences, et de longtemps le mal ne pourra être réparé. On nous a injustement privés d'un bénéfice, et cela dans une proportion de 30 à 45 pour 100 ; nous avons diminué nos plantations d'autant, et si les mêmes mesures étaient renouvelées cette année, on verrait disparaître la seule culture rémunératrice de la province d'Alger. Le gouvernement a fait quelque chose pour le coton : tant mieux pour la province d'Oran ; quant à celle de Constantine, elle doit sérieusement se disposer à profiter des épouvantables ravages du Liban et s'occuper des vers à soie.

CHAPITRE XX.

DÉCRET SUR L'ALIÉNATION DES TERRES DOMANIALES. — L'ALGÉRIE COUVRE ET AU-DELA SES PROPRES DÉPENSES, QUOI QUE L'ON EN PUISSE DIRE.

11 août 1860.

Le *Moniteur* du 31 juillet nous apporte enfin le décret si impatiemment attendu sur *l'aliénation des terres domaniales en Algérie.*

Si vous avez bonne mémoire, il vous souviendra qu'à plusieurs reprises je vous avais signalé le mode vicieux des concessions, en vous prouvant par des chiffres combien l'Etat gagnerait à vendre ses terrains au lieu de les donner. Ceci semble une vérité digne de M. de la Palisse, mais je la corrige en ajoutant que les acquéreurs eux-mêmes gagneront à acheter plutôt qu'à recevoir aux conditions qui leur étaient faites.

L'analyse du remarquable rapport qui précède le

décret dont je parle vous prouvera que ce que j'avance n'est pas un paradoxe.

M. de Broglie a dit excellemment, dans *Une Réforme administrative en Algérie,* toutes les difficultés que l'administration avait eu à vaincre dans le principe, et combien il était difficile de trouver de la place sur un sol occupé par un peuple que nous ne voulions ni refouler ni dépouiller. Tout le commencement du rapport de M. le comte de Chasseloup-Laubat est comme une brillante analyse de l'excellent ouvrage dont je viens de vous donner le titre. Le ministre passe rapidement en revue toutes ces difficultés, et dit avec vérité :

« Ce sera le grand bienfait de notre civilisation en Afrique que cette œuvre laborieuse de la constitution de la propriété, non seulement pour les populations européennes, mais encore pour les populations indigènes, auxquelles (chose rare dans l'histoire d'une conquête) nous avons donné sur le sol qu'elles occupaient des droits qu'elles n'avaient pas avant nous. »

Les Arabes en effet, soumis à cette stupide législation des Turcs qui, malgré tous les *hatt-humayoun* et les promesses les plus sacrées, fait qu'aujourd'hui encore l'infidèle ne peut pas posséder légalement sur la terre de Mahomet (on lui refuse même le droit d'y vivre), les Arabes, dis-je, ne possédaient réellement que la jouissance des terres, qui leur était renouvelée chaque année, au gré des préférences d'un caïd. Le rapport a donc raison de dire que nous avons donné à ceux que nous avons vaincus des droits qu'ils n'avaient pas avant notre conquête.

Evidemment, au début de notre domination, le système des concessions était seul praticable ; mais nous aurions voulu que le décret du 25 juillet parût dix ans plus tôt, et la colonie le réclamait depuis longtemps, ne fût-ce que pour obvier aux « sérieux inconvénients » reconnus enfin par le ministre lui-même.

Les principaux, signalés dans le rapport, sont la difficulté pour l'administration de se prononcer entre des postulants qui, pour la plupart, ne présentent aucun motif de préférence, et surtout la perte de temps nécessitée par la difficulté d'obtenir des renseignements et les preuves des ressources pécuniaires réclamées. Les obligations prescrites par le gouvernement au moment de la concession ne sont pas un des moindres inconvénients ; car, dans ce cas, il faut nécessairement généraliser, et cependant un seul réglement est souvent incompatible et inapplicable. Tout cela n'est rien encore ; car, tant que ces conditions ne sont pas remplies, le concessionnaire n'est réellement pas propriétaire, et il lui arrive d'avoir englouti tout son capital avant d'être parvenu à terminer son œuvre. Où peut-il trouver de l'argent alors que la garantie hypothécaire qu'il peut offrir n'est pas complète ?

Voilà dans quel cercle vicieux s'était enfermé l'ancien système des concessions, contre lequel, depuis longtemps déjà, nous ne cessions de nous élever, et que le décret récent vient enfin d'abolir pour toujours.

Ce décret pose en principe, et comme règle générale, la vente des terres destinées à la colonisation.

Ces terres, dont les périmètres seront déterminés au fur et à mesure de leur reconnaissance et des partages qui peuvent être faits avec les tribus, seront divisées en lots d'étendues différentes selon la nature et les conditions du terrain. Des réserves y seront faites pour la fondation de centres de population, lorsqu'ils seront jugés nécessaires, et pour la formation de communaux ou autres biens d'établissement public ; enfin, pour l'installation de quelques uns des premiers colons, tous les lots qui n'auront pas été réservés seront mis en vente.

Trois modes de vente sont prévus :

1° La vente à prix fixe ;

2° La vente aux enchères ;

3° Enfin la vente de gré à gré.

Le titre II du décret explique parfaitement le mode à suivre, et s'oppose à toutes faveurs illégales par la libre concurrence. Evidemment tous les terrains ne pourraient pas être vendus à prix fixe sans léser le trésor et sans une sorte d'injustice, de même qu'il était nécessaire de conserver quelques parcelles de terrain pour ces braves militaires qui ont fait en quelque sorte l'Algérie. Nous ne nous opposerons jamais aux concessions faites aux soldats à l'expiration de leur congé ; nous voudrions au contraire les voir se multiplier le plus possible.

Le rapport explique trop bien, pour qu'il soit utile d'y revenir, les rares occasions où la vente de gré à gré pourra avoir lieu ; mais le décret n'eût pas été complet si du même coup il n'avait octroyé en quelque sorte des titres de propriété aux anciens concessionnaires qui ont élevé une construction sur leurs terrains, en les affranchissant de toutes les autres obligations relatives soit aux plantations, soit à la mise en culture.

Ce lumineux et judicieux rapport ne sera pas un des moindres titres de notre ministre à la reconnaissance de la colonie tout entière, et bientôt on pourra juger aux fruits nouveaux de la nécessité où l'on était de couper le vieil arbre et de le remplacer ainsi qu'on l'a fait.

Pardonnez-moi maintenant de revenir sur une question bien ancienne, que nous avons traitée souvent, et à laquelle on nous ramène bien malgré nous, je vous le jure. Une récente allégation nous interdit cependant le silence.

Au mois de mars 1859, je vous citais le passage suivant de l'*Akhbar* : « Etrange situation que la nôtre ! La France nous reproche les dépenses que lui occasionne l'entretien sur pied de guerre d'une nombreuse armée en Algérie. Sur le pied de guerre, voilà toute la différence.

« Otez les frais de cette occupation qui contribue tant à la grandeur et au prestige de la France, l'Algérie *couvre et au-delà ses propres dépenses* par ses revenus. Elle a déjà un excédant de recettes qui s'élève à quatre ou cinq millions. Elle a le produit de la vente de ses terres, qui doit augmenter d'année en année...

« Où va cet excédant de recettes de la colonie ? Tout s'engouffre dans les caisses du trésor de l'Etat, et nous manquons d'argent pour nos routes, etc. »

Nous ajoutions, le 1ᵉʳ avril 1859 : « Pour l'exercice de 1860, l'*Akhbar* se trompe d'un demi-million environ. Il est bon de le faire remarquer à ceux de nos compatriotes de France qui n'entendent jamais prononcer le nom de l'Algérie sans ajouter immédiatement, avec un petit ton doctoral fort comique, cette vieille phrase inventée sous le gouvernement de Juillet : Cette colonie nous coûte chaque année cent millions et cent mille hommes. »

Pour l'exercice de 1860, nous avons eu, en effet, un excédant de recettes de 5,434,632 fr., et à la même date, du 1ᵉʳ avril 1859, nous établissions que les sommes payées par les contribuables algériens s'élevaient à plus de quarante millions, ce qui est assez convenable, ce me semble, pour un pays qui n'est pas censé payer d'impôts.

Le 18 juin, toujours de l'année 1859, alors que le canon grondait en Italie et que notre héroïque armée se couvrait de gloire, je vous parlais de ces financiers qui se plaignaient des frais causés par l'occupation armée de l'Algérie, et je m'écriais, plein d'une légitime indignation : « C'est une pépinière de braves, une école pratique de valeur, et vous marchandez votre or ! »

Le 24 décembre dernier, après la réunion des conseils généraux, je vous écrivais : « Loin de coûter quelque chose à la métropole, nous lui rapportons encore d'assez jolis bénéfices... C'est au conseil général que j'emprunte le chiffre de 1,800,000 fr. environ que nous avons fourni cette année à la France. On prétend qu'ils serviront à construire des bagnes à Cayenne. Combien ces pauvres cents mille francs seraient mieux et plus justement employés ici, et avec quels regrets nous les voyons partir ! Mais au moins que l'on ne répète plus la fameuse phrase des cent mille hommes et des cent millions ! »

Vous savez comment nos vœux ont été exaucés, et, dans l'impossibilité d'en dire davantage et de m'exprimer plus clairement, je fais appel à votre mémoire ; car, pas plus que nous, vous n'aurez laissé passer sans la relever, en esprit au moins, ce que j'appelais plus haut *une récente allégation.*

CHAPITRE XXI.

DÉCRETS POUR LES PORTS DES TROIS PROVINCES. — DU CABOTAGE. — DE LA NÉCESSITÉ D'ÉTABLIR UN CONSUL A GADEMÈS.

17 septembre 1860.

Pour peu que je tienne à être lu et à vous rendre mes comptes habituels, il faut que je me hâte, car dans quelques jours l'*Illustration* et les autres feuilles d'images seront les seules que le bon public voudra consulter. Espérons que le *Moniteur* enregistrera en outre quelques décrets avantageux pour nous, et tout sera pour le mieux dans le meilleur des mondes. Vous préféreriez peut-être savoir le nombre des lampions et la hauteur de nos arcs de triomphe ; mais je ne suis pas un dessinateur, et je n'ai pas pour mission de répercuter pour vous les bravos enthousiastes ; parlons donc tranquillement, pendant que nous en avons encore le loisir, des faits et gestes de la colonie.

Aussi bien, et suivant l'usage, je suis un peu en retard, ma dernière *revue* ne parlant que du décret sur l'aliénation des terres et faisant allusion à ce qu'un journal anglais s'est permis d'appeler « façon légère de parler de l'Algérie. » Je ne prendrais assurément pas une pareille liberté !

Vous ai-je parlé des 3,000,000 de fr. affectés à l'Algérie par le Corps législatif dans sa séance du 26 juin ? On assure que l'empereur décrétera d'autres grands travaux d'utilité publique pour une somme bien plus considérable encore. Espérons, mais... attendons !

Je dois mentionner des décrets importants qui ont suivi le plus important des décrets. Le premier autorise la construction d'un port devant Philippeville et affecte à ces travaux la somme de 12 millions. Le second porte qu'il sera procédé à la construction d'un bassin de débarquement devant Oran ; la dépense est évaluée à 9 millions. Enfin le troisième autorise l'exécution des bâtiments destinés au service de la douane à Alger ; les devis sont de 800,000 fr.

Ici vient se placer naturellement la question du *cabotage*. Nos côtes sont couvertes de carrières superbes, et cependant, dans une infinité de cas, les entrepreneurs font venir de France ou de l'étranger jusqu'aux pierres qu'ils emploient. Ne serait-il pas opportun d'empêcher cet abus et de faire exploiter nos propres richesses ? Alors seulement le cabotage, qui est presque en entier entre les mains des Espagnols et des Maltais, prendrait une véritable importance et faciliterait les communications sur toute la vaste étendue de nos côtes. Les Arabes eux-mêmes reprendraient la mer, et, outre l'avantage immédiat que retirerait la colonie de l'exploitation de ses produits indigènes, l'Etat verrait encore se former ainsi toute une génération de matelots qui serait un complément à l'école des mousses arabes, une des plus heureuses créations du maréchal Randon.

Un décret du 4 août déclare d'utilité publique les travaux de desséchement et d'aménagement des eaux relatifs aux marais de la Macta, du grand lac salé d'Oran et du lac des Garabas. Une somme de 500,000 fr. est mise à la disposition du ministre pour être affectée soit à des subventions à donner à des compagnies, soit à l'exécution des travaux les plus urgents.

N'êtes-vous pas un peu ébloui par tous ces millions que je fais scintiller à vos yeux ? Ce n'est pas mon style ordinaire, je suis obligé d'en convenir ;

mais vous devez trouver que nous donnons signe de vie, que nous marchons même, et qui sait si bientôt vous ne nous verrez pas courir dans la voie de tous les progrès ! C'est la grâce que vous devriez bien nous souhaiter ; soyez sûr que nous saurons en profiter, et que d'avance nous disons : Ainsi soit-il.

Grâce au voyage de l'empereur, nous aurons enfin le câble direct que nous réclamions depuis si longtemps ; c'est à la baie de la Salpêtrière que le bâtiment chargé de l'immersion commence son importante opération. Nous n'aurons donc plus à traverser le territoire piémontais, et nous pourrons causer dorénavant avec vous sans franchir d'autres frontières que celles de la mer, qui appartient à tout le monde.

Un journal de Constantine, l'*Africain*, publiait dernièrement un excellent article sur la nécessité d'établir au plus tôt un représentant français à Gademès, où l'influence anglaise s'exerce seule et à notre grand détriment depuis quinze ans. C'est la conséquence du décret du 25 juillet, et je vous en ai suffisamment parlé avant cette époque. Espérons que le ministre complétera son œuvre par cette création nécessaire.

Le nouvel entrepôt des tabacs de Blidah s'élève rapidement. Vous savez qui en a fourni les fonds? J'espère bien que la société des planteurs de tabac soumettra l'injustice dont ses membres ont été victimes au ministre et même à l'empereur. L'occasion serait favorable et le lieu bien choisi pour porter ses plaintes, au moment où le cortége impérial passera devant le nouvel entrepôt construit avec l'argent qu'on aurait dû nous compter l'année dernière.

CHAPITRE XXII.

L'EMPEREUR EN ALGÉRIE.

28 septembre 1860.

J'avais, hélas ! raison en vous disant l'autre jour : Attendons ! Les journaux illustrés vous renseigneront aussi bien que je pourrais le faire.

Le 17, arrivée de Leurs Majestés, excellent discours de Mgr Pavy, réceptions générales, dîner.

Le 18, pose de la première pierre du boulevart de l'Impératrice, fantasia gigantesque près de la Maison-Carrée, bal.

Le 19, grande revue à Mustapha, banquet offert par la ville. L'empereur, répondant au discours et au toast porté au nom de l'Algérie par notre premier président, a assuré la protection de la métropole « à ces hardis colons qui sont venus implanter en Algérie le drapeau de la France, » et a terminé en portant un autre toast à la prospérité de l'Algérie.

A minuit, Leurs Majestés ont repris la mer et cinglé vers les rives de France.

Je n'ai malheureusement rien de plus à vous dire, car c'est du nord aujourd'hui que nous viendront les éléments de la prospérité en question. Nous attendons !

POST-SCRIPTUM.

Les faits se sont chargés de donner raison à la plupart des appréciations contenues dans ce petit volume, et, tout en en faisant l'observation, il est juste de payer un tribut de louanges au décret du 24 novembre ; c'est ce à quoi nous ne nous sommes jamais refusé lorsque l'occasion s'en est présentée.

On pourrait nous reprocher bien plutôt d'avoir eu de trop longues espérances. Notre réserve était justifiée par de si nombreux mécomptes qu'on ne saurait nous imputer à crime d'avoir réservé nos applaudissements aux seuls *faits accomplis*; non pas que nous l'entendions ainsi qu'il est d'usage de le faire aujourd'hui. Est-il besoin de le dire? pour nous les faits accomplis sont les promesses réalisées, les théories superbes réduites à l'humble pratique, et, plus que tout cela, le fait seul de prendre enfin la voie qui peut conduire cette colonie, un des plus beaux fleurons de la couronne de France, au degré de prospérité qu'elle aurait dû atteindre depuis si longtemps.

Or, ce moyen, on l'a pris en nommant un gouverneur-général qui vient résider au milieu de nous armé de pleins pouvoirs. Nous avons eu beaucoup de gouverneurs, dira-t-on peut-être. C'est juste, mais jusqu'alors le pouvoir du bien leur manquait en partie : non pas que j'entende par là qu'ils aient usé du pouvoir contraire ; seulement leurs attributions limitées ne leur permettaient pas de réaliser tout ce qu'on attendait d'eux.

Oh! je ne suis pas un adorateur du soleil levant; que l'on ne suppose pas que je veuille blâmer le passé uniquement parce qu'il n'est plus. Les courtisans de l'exil et des régimes tombés sont trop rares de nos jours pour que l'on ne se fasse pas gloire de compter dans leurs rangs. Aussi, sans remonter au général Bugeaud de populaire mémoire, qui pourrait sans injustice méconnaître les immenses services rendus à l'Algérie par le maréchal Randon?

Qui pourrait prétendre que M. le comte de Chasseloup-Laubat n'a pas fait pour nous autant et plus peut-être que ses prédécesseurs?

Passer en revue leur administration serait répéter ce que nous avons dit dans les pages qui précèdent; mais ce gouverneur-général comme ce ministre étaient condamnés à une sorte d'impuissance relative par le fait même des pouvoirs qui leur étaient conférés.

Le premier, en effet, n'était que le représentant au milieu de nous du ministre de la guerre, et nous méritions mieux que cela. Le second était obligé de résider à Paris, et la meilleure preuve de l'impossibilité d'administrer de si loin ne pourrait-elle pas se déduire des mesures excellentes qui ont été prises par M. de Chasseloup-Laubat pendant et après les trop courtes visites qu'il a pu nous faire?

Nous avons enfin ce que nous n'avons cessé de réclamer depuis si longtemps, c'est-à-dire un pouvoir fort, résidant au milieu de nous. Le représentant de ce pouvoir, nous le connaissons tous, nous l'aimons. L'illustre maréchal n'est-il pas Algérien de cœur, et n'est-ce pas à son sujet surtout que l'on doit répéter ce que nous disions, alors que nous répondions aux détracteurs de notre belle colonie : Le duc de Malakoff a prouvé ce que valait cette vaillante armée d'Afrique dont on a eu la bassesse de nous reprocher les frais d'entretien ; le duc de Magenta aussi a répondu pour nous dans les plaines de la Lombardie; et ces deux héros m'en voudraient assurément de ne pas unir à leurs noms celui de l'immortel Lamoricière !

Ce n'est pas sans un légitime orgueil que nous revendiquons pour nous ces gloires de notre époque ; elles sont aussi pures qu'incontestées. Aussi on comprendra sans peine que nous nous soyons pris à espérer plus que jamais en voyant venir au milieu de nous le héros de Sébastopol.

Nos vœux seront les mêmes que par le passé, et nous voulons croire qu'ils seront exaucés.

Parmi les plus importants, nous avons obtenu déjà, il est vrai, la substitution de la vente des terres domaniales au système des concessions, et l'amélioration du régime douanier en ce qui concerne nos relations avec le Soudan.

Notre gouverneur ne voudra pas qu'un long temps s'écoule avant que des caravanes sagement organisées fassent le voyage du Sénégal, reliant ainsi par la voie de terre nos deux possessions africaines, et ouvrant à notre commerce national l'immense débouché de l'Afrique centrale que convoite si ardemment l'Angleterre. Profits assurés, influence agrandie, sécurité pour l'avenir, tout est réuni dans cette grande entreprise.

Si nous parlons tout d'abord de cette question, c'est qu'elle s'est trouvée au bout de notre plume à propos de nos vœux exaucés ; mais il en est d'autres bien autrement importantes.

Quelles seront les mesures qui vont être prises pour faciliter l'émigration ? Certainement un des premiers décrets de notre pouvoir nouveau sera consacré à cette importante mesure ; car, il faut bien le reconnaître, jusqu'à ce jour rien n'a été fait pour attirer au milieu de nous ces foules qui accourent chaque année vers les deux Amériques. Non seulement rien n'a été fait, mais, en fouillant bien le passé, on pourrait affirmer peut-être que les mesures contraires à l'émigration ont été seules prises.

Nous voulons rappeler, à ce sujet, la question des orphelinats si longuement traitée dans ce livre. Nous comprenons que des sénateurs puissent n'en pas sentir toute l'importance ; nous voulons que des ministres trop occupés des affaires de l'Etat ne se fassent pas une idée bien juste des services que peuvent rendre ces enfants que nous réclamons pour en faire de bons et utiles colons ; nous admettons encore que certains journalistes ou des philosophes en perruque soient opposés au bien lorsqu'il n'arrive pas par leur fait ; mais ce dont nous voulons être sûrs, c'est qu'un gouverneur-général, armé de pleins pouvoirs, connaissant l'Algérie et ses besoins, saura faire triompher la vérité, et nous assurera ce moyen, un des plus efficaces, d'avoir des bras pour nos cultures en même temps qu'il débarrasse la France des artisans de ses révolutions.

Nous n'avions pas battu des mains, on peut s'en souvenir, à la formation du ministère de l'Algérie, qui était cependant un pas fait vers d'utiles améliorations ; nous nous sommes réjouis avec nos lecteurs, ou vis-à-vis de nos lecteurs, de cette sage réserve, et nous demandions, même avant le mois de mars 1859, « un pouvoir supérieur fortement constitué dont le dépositaire résidât à Alger. » A cette époque nous écrivions ces mots: « Ce que nous demandons et ce que l'on nous donnera... un jour ou l'autre. »

Il est de ces nécessités inévitables, de ces forces morales contre lesquelles on résiste vainement ; la preuve en est tout entière dans le décret du 24 novembre 1860.

Nous avons l'institution nécessaire, et nous croyons aussi, comme je l'ai dit déjà, avoir l'homme le plus à même d'imprimer au nouvel ordre de choses le mouvement et la vie. Assurément les employés des diverses administrations ne pourront plus vexer les colons lorsque la plainte pourra être faite directement à Alger, qu'elle sera aisément vérifiée, et qu'il ne faudra plus aller nous plaindre à Paris, ni attendre les décisions aveugles qui pouvaient revenir d'aussi loin. Le scandale de la livraison des tabacs ne saurait se renouveler, et le zèle intempestif ne s'exercera plus au détriment de la fortune privée pour enrichir injustement le trésor de quelques cents francs. Cela seul nous ferait acclamer avec joie les institutions nouvelles.

Plus d'instabilité gouvernementale, plus d'antagonisme jaloux entre les administrateurs, et la cessation de ces polémiques passionnées qui nous faisaient plus mal juger par la France que nous ne le méritions réellement.

Il n'est plus de mode heureusement de récriminer contre les bureaux arabes ; mais on discute volontiers encore sur les mots « civils et militaires. »

Il est temps de mettre un terme à ces vains débats. Nous avons pour chef suprême et civil un général illustre qui, par sa haute position et grâce à ses pouvoirs étendus, verra ses ordres exécutés par tous sans la moindre contestation. C'est à nous, colons, de l'aider dans son œuvre colonisatrice, et nous n'y manquerons certes pas. Oubli du passé dans ce qu'il a eu de triste et de décevant pour nous, espérance dans l'avenir, et Dieu sauvera l'Algérie!

Alger, janvier 1864.

ITINÉRAIRE

DE

VOYAGE EN ALGÉRIE.

Si tout ce qui précède a pu donner à quelque lecteur l'envie de parcourir notre belle colonie, il lu serait agréable sans doute d'avoir des indication pratiques pour exécuter un voyage facile, peu dispendieux, et qui a ce mérite rare, en ces temps de vapeur et d'uniformité universelle, de nous conduire en peu d'heures sur un sol où tout est nouveau pour l'habitant de la vieille Europe.

Le ciel, cette parure splendide de la nature, le soleil ne peut être transporté au gré de la volonté d'un maître de la terre. Le palmier ne pourrait croître dans Hyde-Park, et Paris, port de mer, n'aura jamais les douces brises de notre Algérie.

En moins de quarante heures on peut donc, sans

quitter la France, si je puis ainsi m'exprimer, aborder sur une plage riante où l'hiver le plus rude ne saurait faire descendre le baromètre plus bas que 10 à 12 degrés, de même que les plus fortes chaleurs, les jours de sirocco exceptés, ne s'élèvent jamais au-dessus de 30 à 32 degrés.

Tout est nouveau sur la terre d'Afrique pour le touriste qui sait comprendre et voir, pour ce voyageur véritable qui ne va pas demander aux pays lointains l'exacte répétition de ce qu'il a laissé dans sa patrie. Les teintes azurées du ciel sont plus chaudes et l'éclat de la lune tellement vif, que l'on peut aisément lire à sa pâle lueur sans éprouver la moindre fatigue. La végétation toute tropicale de l'Algérie est un objet de légitime admiration pour tous ceux qui débarquent sur cette terre promise ; rien ne peut donner une idée vraie de ces massifs de cactus (*ficus opuntia*) derrière lesquels s'abritent les *gourbis* des Arabes, ainsi que de ces haies d'aloès (*agave Americana*) qui forment autour des champs un impénétrable rempart. Quelques rares palmiers balancent dans les airs leur superbe panache ; mais pour admirer ce roi des forêts dans toute son imposante majesté, il faut quitter les rivages de la mer et s'enfoncer dans le sud.

Les Arabes disent de leur père nourricier qu'il veut plonger ses racines dans l'eau et sa tête dans le feu ; aussi la chaleur n'est pas assez grande sur le littoral pour mûrir ses régimes, et les sujets assez rares qui apparaissent dans le Sahel ne sont pas plus remarquables que ceux des environs de Nice et de Menton. Dans les oasis, au contraire, on pourrait se croire au milieu de ces sombres forêts des bords du Nil ; leur ombre épaisse rend plus saisissant encore l'effet produit par cette contrée bizarre, où la mort seule a conservé de royales magnificences. Là, en effet, les vivants semblent les humbles gardiens de ces ruines gigantesques qui attestent un peuple de géants disparu sans laisser de lui autre chose que les splendeurs de la mort.

Non, je l'affirme, rien n'est plus propre à frapper l'imagination blasée d'un touriste français qu'un voyage en Algérie ; et si je me sers de cette expression : « un touriste français, » c'est que nous ne sommes pas, hélas ! un peuple voyageur. Il nous faut à nous de grands voyages exécutés entre un carnaval et un printemps parisien, ou bien encore une excursion lointaine intercalée entre le retour des eaux et la saison de la chasse.

L'Algérie est donc située dans la seule position

géographique qui puisse satisfaire à ces difficiles exigences, et je suis étonné qu'un plus grand nombre de nos compatriotes désœuvrés ne viennent pas nous rendre visite.

Aux chasseurs je dirai : Abandonnez la plaine Saint-Denis ou ces promenades en grand costume ; venez abattre nos sangliers, nos panthères même, si le cœur vous en dit; nos chacals vous procureront les plus agréables parties de plaisir, et si vous voulez vous borner au gibier d'eau, aux cailles, aux bécassines, profitez des passages, et bientôt la poudre vous manquera.

Voulez-vous essayer de la chasse à l'antilope? le sud de notre colonie vous en donnera les moyens, et vous pourrez même vous livrer à la chasse au faucon et vous croire transportés aux vrais temps de la chevalerie.

Aux peintres je dirai : Tous les haillons les plus pittoresques, toutes les ruines les plus impossibles se présenteront à chaque pas à votre crayon, et vos pinceaux auront de la peine à saisir ces couleurs éclatantes qu'un soleil inconnu même à notre Midi répand sur la nature entière. Venez donc aussi en Algérie, peintres célèbres ou qui voulez le devenir.

L'économiste et l'agriculteur, l'ami du plaisir

comme l'homme politique, trouveront, chacun à son point de vue, ce qu'ils seront venus chercher au milieu de nous, et ce n'est pas un mince avantage de nos jours.

Mais c'est assez battre la grosse caisse en faveur d'un voyage en Algérie. J'ai parlé d'*itinéraire*, et jusqu'à présent c'est presque de la réclame que j'ai faite. Il arrive souvent qu'on nous demande des notes de voyage, des indications précises, quelque chose qui ne soit pas un guide Richard, mais qui serve à l'intrépide Parisien lorsqu'il se décide à traverser la mer.

Sans vouloir offrir un guide véritable, je veux placer ici quelques points de reconnaissance tout en répondant d'avance à une question que tout le monde fera : Pourquoi n'y a-t-il pas de guide du voyageur en Algérie? D'abord parce que les guides sont des chimères; ensuite parce qu'ils sont plus impossibles encore dens un pays nouveau comme l'Algérie.

Les guides sont des chimères en ce sens qu'ils décrivent avec exactitude — peut-être — les voyages faits par nos devanciers, mais que le plus ordinairement ils deviennent incomplets, insuffisants, l'année suivante. Prenez un guide allemand, par exemple : chaque jour y apporte des modifications, et comme tout est en révolution, même les mathématiques, rien n'est plus faux que d'appeler la ligne droite la voie la plus courte pour se rendre d'un point à un autre. De Lyon à Bordeaux, par exemple, on vous dira : Passez par Paris !

J'estime donc qu'un guide absolu est impossible ; mais je crois consigner ici ce que je me permets de conseiller à tous les membres de la grande tribu des voyageurs qui me font l'honneur de me demander mon avis.

Il s'agit d'abord de savoir si c'est bien réellement l'Algérie que l'on veut visiter, ou simplement Alger et ses Mauresques, ses bains turcs ou ses mosquées, et si l'on ne tient qu'à voir les costumes variés des habitants de toute couleur qui s'entrecroisent sur la place du Gouvernement. Dans le premier cas, je ne cesse de répéter : Ne commencez pas par Alger, point central où vous devez nécessairement revenir, ce qui vous fera perdre un temps plus utilement employé partout ailleurs que dans une monotone et insipide traversée. C'est à une extrémité que vous devez aborder pour traverser ensuite toute la colonie. Ne commencez pas non plus par la province de Constantine, par Bône surtout, tout entouré de riants pâturages ; il faut mettre de la coquetterie dans son plan, et mieux vaut débuter par Oran aux teintes brûlées par un soleil africain : le contraste sera plus vif, l'émotion plus profonde, et l'impression ressentie plus grande et plus durable.

Nous allons donc, si vous le voulez bien, non pas vous indiquer sommairement tout ce que vous aurez à voir dans chaque localité, mais vous esquisser la route qu'il conviendrait de suivre. Vous vous informerez sur les lieux mêmes de ce qui devra le plus attirer votre attention ; je n'ai pas d'autre désir que celui de planter sur votre route des jalons de reconnaissance qui éviteront les courses inutiles et ramèneront toujours aux grands centres. Au voyageur de choisir ensuite ce qui pourra le mieux lui convenir.

En l'an de grâce 1861, les Messageries impériales font partir chaque semaine de Marseille un bateau pour Oran, touchant à Valence. Ce courrier quitte le port après l'arrivée de l'express de Paris tous les mercredis à quatre heures du soir ; on relâche à Valence le vendredi, et le samedi on débarque à Oran, ou mieux à Merz-el-Kébir, port de cette capitale de la province. Cette rade magnifique peut recevoir des vaisseaux de guerre de toutes les dimensions, et la route qui conduit du port à la ville d'Oran est excessivement pittoresque.

Les hôtels ne manquent pas dans toutes les villes de la colonie, mais il me semble que c'est ce dont un voyageur doit s'inquiéter le moins.

Une fois débarqué, la ville rapidement parcourue, le ravin blanc et le village nègre visités, on doit former ses plans de campagne, et, selon le temps dont on dispose, on peut se diriger soit sur la frontière du Maroc par la côte, soit vers Tlemcen.

J'indique en passant la course obligée à la colonie agricole de Saint-Denis du Sig et celle de Mascara par le fameux camp du Figuier et le lac Salé.

Je ne parle pas des environs immédiats d'Oran, de ces forts élevés par les Espagnols au sommet de montagnes à pic où tous les blocs ont dû être transportés de fort loin à dos d'âne. Aussi peut-on appeler avec raison ces vieilles ruines le tombeau des *bourricots*.

Un voyageur courageux pourrait de Mascara gagner Tiaret, célèbre par ses marchés de bestiaux, et pousser d'Oran à Laghouat (ou El-Aghouat), pour de là revenir à Alger; mais il y a, je crois, une meilleure ligne à suivre pour voir plus complètement cette intéressante province.

Bientôt le chemin de fer sera la seule voie de communication entre ces deux chefs-lieux ; mais que peut-on voir en chemin de fer ? En s'embarquant à Oran, le courrier de l'Etat touche, il est vrai, dans tous les ports intermédiaires d'Arzew, Mostaganem, Ténès et Cherchell; mais voir une ville du haut d'un bateau à vapeur, pendant une rapide relâche, ne peut s'appeler un voyage. Le mieux, à mon avis, serait de partir pour Arzew, où mon voyageur ne saurait trop admirer le magnifique port que la nature a donné à cette ville. Toutes les flottes du monde y tiendraient à l'aise, et le gouvernement ne peut négliger un point aussi important.

Quant à la montagnes des Lions, on peut s'y promener en toute assurance; ce n'est pas là que le fameux Gérard viendra se mettre à l'affût.

Mostaganem, ville qui prend chaque jour une importance plus considérable, est située à l'extrémité orientale du vaste golfe à l'occident duquel se trouve Arzew.

Nous avons déjà traversé la vallée de la Makta, et nous allons remonter maintenant celle du Chéliff, la plus étendue des rivières qui traversent le Tell et qui prend sa source dans les flancs du Djebel-Amour. Rien n'est beau comme ces gorges du

Chéliff ; mais une des circonstances qui caractérisent le cours de cette grande rivière, c'est qu'elle sort du même berceau que l'Oued-el-Djedi, le fleuve Triton de l'antiquité, qui, après avoir traversé une partie du Sahara, fertilisé l'oasis du Ziban, se jette dans le grand lac ou Sebka-Melrir.

Orléansville est située sur les bords du Chéliff, dans la plaine longue et monotone comprise entre l'Ouersenis et le Dahra. Cet ancien camp français est devenu une cité importante ; on y a retrouvé un grand nombre d'antiquités, dont la plupart appartiennent à l'ère chrétienne. On remarque entre autres le pavé en mosaïque d'une des plus anciennes basiliques du monde, puisque l'inscription la fait remonter aux premières années du troisième siècle.

D'Orléansville allons à Milianah ; là encore nous trouverons des traces non équivoques de la domination romaine. La ville est située à 900 mètres au-dessus du niveau de la mer, au pied du mont Zakkar, qui a lui-même 1534 mètres d'élévation. Les magnifiques vergers qui l'entourent, les eaux vives qui l'arrosent, le voisinage imposant du Zakkar, font de Milianah une des villes les plus pittoresques de l'Algérie.

Mais nous voici à Blidah, la perle de la Métidjah,

la rose parfumée qu'il vaut mieux appeler la ville des orangers; une odorante ceinture l'enserre de toute part, et rien ne frappe l'étranger comme ce bois parfumé, véritable jardin des Hespérides.

On le voit, je ne cherche pas le moins du monde à décrire les villes que nous traversons, je les indique simplement, et c'est à mon intelligent compagnon de voyage que je laisse le soin et le plaisir de découvrir les choses intéressantes qui se trouvent dans les lieux où je le conduis. Les environs de Blidah sont délicieux, et les gorges voisines de l'Atlas offrent des points de vues d'un sauvage grandiose comme aussi d'un pittoresque qui fait ressouvenir de la Suisse ou du Liban.

Si mon voyageur ne se sent pas le courage de quitter Alger pour revenir à Blidah en allant à Laghouat, il doit faire un plus long séjour au sud de la Métidjah et se rendre au moins à Médéah par les gorges de la Chiffa. Cette route merveilleuse, due à notre armée, comme tout ce qui s'est fait de beau et de grand jusqu'à ce jour dans notre colonie, mériterait à elle seule un voyage en Algérie. N'oubliez pas de vous arrêter à l'auberge des *Singes*, au milieu de ces précipices fameux et dans le ravin escarpé qui avoisine ce cabaret : vous aurez bien du malheur si vous ne voyez pas une bande de ces quadrumanes qui vous feront les plus laides grimaces du monde.

De Blidah à Alger la route est belle, les communications fréquentes. On traverse d'abord Béni-Méred, illustré par l'héroïque fait d'armes de nos braves que rappelle un petit monument élevé au milieu du village ; puis vient Bouffarick, bâti au milieu de la plaine, sur l'emplacement d'un grand marché qui se tenait tous les lundis avant la conquête. Depuis, cet usage s'est conservé, et les colons ne manquent guère à ce rendez-vous, où des transactions fort importantes ont lieu chaque semaine.

Au pied du Sahel, la route d'Alger se bifurque ; nous sommes aux Quatre-Chemins : en face, au nord, route d'Alger par Douéra, Dély-Ibrahim et El-Biar ; à l'ouest, route de Koléah par le Mazafran ; à l'est enfin, véritable grande route d'Alger par le quatrième blockhaus, le pont de l'Oued-Kherma, Birkadem et Birmandreiss. Choisissez, mon bon compagnon, mais n'attendez pas de moi que je vous guide dans Alger. Parcourez à votre aise ses rues étroites, visitez les bazars, reposez-vous dans des hôtels confortables, prenez des forces pour la route, et lorsque vous serez suffisamment reposé de vos fatigues, nous reprendrons nos courses.

En attendant, occupons-nous du voyageur plus modeste qui ne vient qu'à Alger, et disons-lui simplement que trois fois par semaine il trouvera à Marseille un bateau qui le conduira à Alger en quarante-huit heures de traversée moyenne, je pourrais même dire en quarante heures.

Une fois la ville suffisamment arpentée et les promenades indispensables faites aux environs, c'est-à-dire à la Boudjareah, à l'orphelinat d'El-Biar (Ben-Aknoun), dont j'ai longuement parlé dans ce livre, à Mustapha inférieur et supérieur, au jardin d'essai, le plus remarquable établissement de ce genre qu'il soit possible de visiter, et où l'on reste interdit au milieu d'une allée fantastique de palmiers et de lataniers qui rappelle les splendeurs de nos colonies de Bourbon et des deux Indes; une fois tout cela vu, y compris le panorama du séminaire de Kouba, il faudra partir pour Koléah en visitant la trappe de Staouéli.

C'est aux environs de Koléah, dans les bois du Mazafran, que le chasseur qui aura eu la précaution d'amener quelques bons chiens pourra tirer autant de sangliers qu'il voudra, tandis que le lac Alleula lui fournira tous les genres de gibier d'eau. N'oubliez pas une visite au Tombeau de la Chrétienne !

Notre première excursion sera dirigée ensuite d'Alger au Fondouck par la Maison-Carrée, puis au retour nous aurons à nous occuper sérieusement du départ pour Laghouat.

Notre civilisation a tué le désert lui-même, et on peut aller aujourd'hui en diligence dans cette ville bizarre, située au-dessous du 34e degré. Pour rien au monde on ne doit manquer ce facile voyage, car sans cela on aura bien vu la France en Algérie, une végétation sans rivale, de merveilleuses perspectives, mais on ne saura pas ce que c'est que l'Afrique. Allez donc à Laghouat !

Pour se rendre de la province d'Alger dans celle de Constantine, nous avons également deux routes à suivre : la première par mer, avec le courrier de l'Etat, qui nous fera toucher à Dellys, Bougie, Djigelli et Stora, port de Philippeville. Mais j'ai la même objection à faire ici qu'au départ d'Oran : longer une côte, ce n'est pas voir un pays, et je conseille au touriste sérieux la voie de terre. Pour cela il faut traverser encore la Métidjah et gagner Aumale par l'Arba.

J'ai oublié d'indiquer l'excursion du pied de l'Atlas et la visite aux eaux minérales de Rovigo.

La route d'Aumale serpente sur les premiers contreforts de la Kabylie, d'où la vue s'étend au loin sur la plaine entière. Aumale n'offre rien de fort intéressant par elle-même. Sur un des affluents de l'Oued-Akbou existaient les ruines d'une ville romaine appelée Auzia, qui, à l'époque où les agitateurs numides inquiétaient la domination romaine, avait joué un rôle important dans les annales de cette contrée. C'est là que, pendant l'insurrection de 1846, Abd-el-Kader, le moderne Jugurtha, avait établi son quartier général, d'où il ébranlait à la fois notre pouvoir dans la province de Constantine et dans celle d'Alger. Il communiquait, par cette porte demeurée ouverte, des fertiles vallées du Tell dans les lacs salés du Sahara.

C'est d'Aumale que l'on peut aller visiter la vallée des Issers.

Une belle excursion à faire serait de quitter la route qui conduit directement à Sétif et de se diriger au sud vers Bouçada et le bassin du Hodna, pour regagner ensuite Bordj-bou-Arriridj, ancien port français situé à 70 kilomètres à l'ouest de Sétif, au milieu de la vaste plaine de la Medjana, plateau qui sépare la vallée méditerranéenne de l'Oued-Akbou de la vallée saharienne du Hodna.

Sétif, l'ancienne colonie de Sitifis, domine la vallée large et fertile de cette rivière, qui, à travers la Kabylie orientale, va verser ses eaux dans le golfe de Bougie. Sa situation géographique, jointe à l'admirable salubrité du climat, explique le rang que Sétif a occupé sous la domination romaine et qu'elle a ressaisi de nos jours. Placée à cheval sur les deux principaux bassins de la province, à l'entrée d'un immense plateau qui les domine l'un et l'autre, en face d'une des portes principales qui donnent accès dans le Sahara, Sétif compte parmi les positions auxquelles se rattachent à toutes les époques, suivant les circonstances, les destinées de la paix et de la guerre.

Il faut visiter les fameuses colonies genevoises dont il a été parlé dans les *Revues*.

Pour éviter une course inutile, notre voyageur ferait bien de visiter Djémila et Mila avant d'arriver à Constantine. Cette route coupe en travers un grand nombre d'affluents de l'Oued-Rummel. Les ruines célèbres de Djémila valent la peine d'être vues. Dans une charmante vallée arrosée et ombragée, on retrouve encore debout, après vingt siècles, les restes d'une petite cité fastueuse avec son forum, sa basilique, ses temples et son arc de triomphe.

Mila, située au milieu de jardins magnifiques, est excessivement pittoresque.

Constantine est la ville arabe par excellence. C'est la perle de l'Algérie au point de vue de la couleur locale. Le Rummel, qui roule ses eaux au fond d'un immense précipice, ajoute à la majesté incomparable de l'ancienne capitale de la Numidie. Cet étrange nid d'aigle mérite bien le nom de *ville aérienne* que lui appliquent les écrivains arabes du moyen-âge.

Parvenu à l'extrémité de ce ravin taillé à pic, dont les parois ont une hauteur moyenne de 110 mètres, le Rummel se précipite avec un horrible fracas d'une hauteur de 60 mètres et s'abîme dans un nuage de poussière humide ; puis, redevenu calme, il entre dans une belle vallée bordée de jardins magnifiques qu'il arrose et vivifie.

Je ne parle pas du pont d'El-Kantara ni des autres curiosités de la ville et de ses environs, et j'en reviens toujours à l'itinéraire.

Après une expédition du côté de la frontière de Tunis, je voudrais voir mon voyageur se diriger résolument sur Biskara et visiter même le lac Melrir, où les anciens firent naître Pallas, la déesse de la prudence. Nos braves soldats poursuivirent longtemps Abd-el-Kader dans ces lacs de boue où de rares et difficiles passages permettaient toujours à nos adversaires de disparaître au moment où on croyait les avoir atteints. Pour arriver jusque là, il faut traverser l'oasis du Ziban. Le sud de la province de Constantine est du plus grand intérêt sous tous les rapports ; c'est là qu'ont été faits les premiers essais de puits artésiens.

De Constantine il faut se rendre à Bône par Guelma, en traversant de magnifiques forêts de chênes-liéges.

Bône, je l'ai dit en commençant, est la Suisse de l'Algérie. Là, point de palmiers nains, mais une constante verdure. De l'autre côté de la Seybouze, les ruines d'Hippone attendent le voyageur, qui ensuite n'aura plus qu'à choisir la voie du retour.

Pour rentrer en France, il peut aller à Tunis et reprendre le courrier de Marseille ou bien encore profiter d'un départ pour Malte.

FIN.

TABLE DES MATIÈRES.

Lettre-Préface. v

Chapitre I. — But de la *Revue*. — Des émigrants. . 1

Chapitre II. — Du chemin de fer d'Alger à Blidah. — Du système des concessions de terrains et des ventes. — Des primes agricoles 4

Chapitre III. — Le *Moniteur* et l'Algérie. — Procédé draconien pour l'expropriation des terrains du chemin de fer. — Le *Journal de Rouen* et l'Algérie. 9

Chapitre IV. — Création du ministère de l'Algérie. — Du peu de facilités accordées aux émigrants. — Motifs qui les poussent plutôt en Amérique. — Météorologie. — Il fait plus chaud à Paris qu'à Alger. — 14 juin 1830. — De la franchise des ports et de ses dangers pour l'Algérie. . .   18

Chapitre V. — Le *Courrier du Hâvre* et le ministère de l'Algérie. — Comment on règle les indemnités du chemin de fer. — De l'agriculture dans la province de Constantine. — De la grande et de la petite propriété. — Les colonies de Sétif.   31

Chapitre VI. — Désorganisation. — M. Zœpffel. — Nomination du général de Mac-Mahon comme commandant supérieur des forces de terre et de mer   40

Chapitre VII. — Des ports francs en Algérie. — Des prétendus sacrifices de la France pour l'Algérie, et comment il se trouve au contraire que la colonie envoie de l'argent à la métropole . . .   45

Chapitre VIII. — M. Géry, préfet. — La presse en Algérie. — Encore les indemnités du chemin de fer. — Des avantages de la culture du tabac. — Zèle intempestif des agents de l'administration et injuste diminution du paiement aux planteurs. — Encore les petites concessions. — M. Costallat et l'obligation aux colons de fumer leurs terres 58

CHAPITRE IX. — Toujours les indemnités du chemin de fer. — Les conseils généraux. — Fruits de la suppression de la responsabilité des tribus. — Création d'une école de médecine. — Les *turcos* et les juifs de Tlemcen 70

CHAPITRE X. — La désorganisation continue. — Des douanes. — Puits artésiens. 76

CHAPITRE XI. — Démission du prince Napoléon. — Ce que nous demandons. — Ce que l'on nous donnera... un jour ou l'autre. — D'un gouvernement central. — Cause de la prospérité des colonies étrangères. — Budget de l'Algérie. . . 82

CHAPITRE XII. — De l'armée d'Afrique. — Télégraphe électrique. — Des passages gratuits aux colons. — Rétablissement de la solidarité des tribus. — Réinterdiction des transactions immobilières entre Européens et Arabes, en territoire militaire. — Bassin de radoub dans le port d'Alger. — L'Algérie veut être connue. 93

Chapitre XIII. — Des orphelinats. 101

Chapitre XIV. — On oublie encore l'anniversaire du débarquement de Sidi-Ferruch. — On demande un jury d'expropriation. — Les tabacs. . . . 116

Chapitre XV. — Promulgation des lois sur les irrigations, sur le drainage et sur l'expropriation pour cause d'utilité publique. — Du manque de bras en Algérie. — La colonie ne coûte rien à la France. — Pose de la première pierre de la gare de Blidah. 121

Chapitre XVI. — Question des tabacs 126

Chapitre XVII. — Climatologie. — Construction économique d'un entrepôt des tabacs à Blidah. — Encore l'émigration. — Persécution contre le capital. — Premier décret d'admission en franchise des produits de la colonie dans les ports de France. — Les capitaux anglais 142

Chapitre XVIII. — Des relations commerciales de l'Algérie avec l'Afrique centrale 152

Chapitre XIX. — Décret autorisant la libre introduction des produits du Sahara et du Soudan. — Des moutons de Panurge. — Les chats échaudés... ne planteront pas de tabac. 173

Chapitre XX. — Décret sur l'aliénation des terres domaniales. — L'Algérie couvre et au-delà ses propres dépenses, quoi que l'on en puisse dire. 178

Chapitre XXI. — Décrets pour les ports des trois provinces. — Du cabotage. — De la nécessité d'établir un consul à Rédamès. 186

Chapitre XXII. — L'empereur en Algérie 191

Post-Scriptum. 193

Itinéraire de voyage en Algérie. 201

FIN DE LA TABLE DES MATIÈRES.

www.ingramcontent.com/pod-product-compliance
Lightning Source LLC
Chambersburg PA
CBHW071859160426
43198CB00011B/1170